U0165457

今日宜（不）努力

讓你有擇日再說，
辜負眾望的勇氣之書

郝慧川

謹獻給翻開這本書，
並走向櫃檯結帳的你。

即使不夠努力，
你還是很棒的人

岳啟儒／仲誼集團創辦人暨執行長

我和慧川是兩種人，一個急躁，一個穩重；一個很過動，一個很 chill；我是 E 人，他是 I 人。

一起錄《我愛上班》Podcast，臨時取消通告時，慧川很開心，而我總是擔心存檔不夠。一開始錄的時候，慧川問我是不是 2 週一次？我說當然要週更，他被我逼上梁山，就這樣每週播不停歇，節目持續了 3 年。《我愛上班》受到歡迎，除了因為我們一個老闆一個資深社畜，用職場上平行又糾結的兩個視角，3D 式地剖析工作日常，深得聽眾喜愛，我自己其實很享受 E 人與 I 人這個衝突卻和諧的互動。

我們的不一樣，成了提醒彼此的人，慧川看著我，知道他可以也必須再多努力一點點（說知道是好聽，其實是壓力山大）；我看著慧川，也常告訴自己必須放慢腳步，一次不要做太多事，太多太趕容易做不好。

大家可能不相信，即使我總是被稱讚好厲害好棒棒，但午夜夢迴時，我也會想拋下一切，告訴自己不要再努

力了，問蒼天我還做得不夠嗎？我也想好好擺爛一場，因為我也會累，特別是當努力沒有獲得對應的回報時，那種不平不爽的情緒，覺得白用力一場還不如好好睡一覺。相信我，擅長逼人的惡魔老闆我也跟你一樣，不是事事都順利。

慧川這本書寫出了大家的心情，他是最接近 Z 世代的 Y 世代末，無法完全沒包袱地放大自我，被集體社會意識壓抑要服從很多「應該」，只能讓內心的叛逆蠢蠢欲動，卻還是得乖乖地打卡人生。如何化解每個人面對生活的無奈？慧川不說教不雞湯，把真實的自己端出來，告訴你當行動上偏離了傳統必須上進的正軌，不要自責但坦然面對現實，他告訴你更重要的事：即使不夠努力，你還是很棒的人。

我知道慧川只是嘴上講擺爛，他有自己的節奏，循序漸進地往前（就像他已經出 4 本書了呢！）我們倆改寫了龜兔賽跑的故事，我這隻兔子急匆匆蹦蹦跳跳地往前，常搞得精疲力盡不得不休息，休息時又掛念著進度落後，看

著慧川這隻烏龜悠然地往前，時而停下來歇腳小憩欣賞風景，最後優雅地抵達終點。

　　如果人生終究必須往前，慧川這本書不告訴你怎麼鞭策自己，因為從小到大太多人跟我們說了。而第 1 名永遠只有一個，我們衡量自己的實力和意願，當第 2 名、第 10 名、第 50 名……眞的無可厚非，重要的是這個賽道你是否開心？並且懂得肯定自己。

如果郝慧川
是一種宗教

劉冠吟／未來親子學習平台品牌長

今年我跟郝慧川還有惡魔老闆岳啟儒一起在 Podcast《我愛上班》錄了幾集，時間推算起來，慧川來錄音的那幾次應該都在這本書如火如荼地寫稿收稿時段，加上他白天有一份不輕鬆的正職工作，我很驚訝地發現他錄音的狀態頗好，不是坊間名媛淑女一臉精緻妝容、繃緊神經、上緊發條求表現的那種「好」，而是一股恰到好處的鬆弛感，和《我愛上班》的調性一樣。

「鬆弛感」是近年來很流行的詞，個人覺得慧川就是這詞的全方位行動身心靈肉體大我小我代言人。鬆弛感不是隨隨便便，不是擺爛發懶，關於鬆弛感的精確定義，容我先借用這本書的慧川金句：「每個人的人生都是自己的選擇，只要你確認自己能這樣活下去就夠了。」鬆弛感是努力後的成果，努力選擇，選擇努力，先有努力，後有鬆弛，不委屈，不取悅。

這是我喜歡慧川的特點之一，不汲汲營營但慧黠晶瑩。在書中某篇他將自己比喻為水豚，若轉世為豚，我想慧川肯定是幽默英俊的水豚吧，完全可以想像他泡在

水池裡悠悠哉哉地摸摸頭髮（是慧川本川摸摸頭髮，因為水豚沒頭髮），托著下巴（慧川跟水豚倒是都很擅長「饋」下巴），在很恰當的時機點發表機敏的評論。

慧川說：「人就算能力不足還是要有愛好和熱情，卽使你的 DNA 或才能不允許你得到百分之百的快樂或成就。」他這份「恰到好處的努力」正展現在他種種的作品之中，文字如此，聲音亦然。我猜慧川沒有 100% 覺得自己很會講很會主持，甚至主持這件事對他這種 I 人來說是微痛苦的，但他選擇在他可接受的程度裡去嘗試，呈現出來的果然不錯。

像我這種很常在別人 Podcast 節目上出現的來賓，一眼就可以感覺主持人有沒有把握、有沒有深度。慧川的確不是我遇過最能言善道的主持人，卽便如此，和他一起說話或是錄節目對我來說仍是很愉悅的經驗，因爲他很了解自己，他爲了自己的熱情適度努力，知道自己的角色，不做過分的演繹，身爲他的朋友、來賓、聽衆，都是很愉快的事情。

　　一個人知道自己是誰，知道自己想前往的方向，是既困難又重要的事情，有些人終其一生都摸不清，照著外在的期望讓自己變形。慧川說：「這些年心靈雞湯製造太多焦慮了，本來快快樂樂的水豚看到大家都在踏出舒適圈，或是自創一個圈然後惴惴不安地思考舒適圈外面有什麼，然後開始懷疑豚生。」

　　這想法跟我不謀而合，我很著迷的動物靈性圖（可以用動物特性把人類分類），每個人的靈魂本色與人格特質都是不同的動物，若你天生是蛇又何苦用龜的方式生活？快樂的水豚何必逼自己當狼？狼就一定比較快樂跟拉風嗎？

　　所以我說，慧川的這本新書《今日宜（不）努力》不是心靈雞湯，是人生顧問，或更像是一種宗教吧，「做牛做馬不如作法，你還在對玄學嗤之以鼻的時候，我們這些迷信的人們已經得到了精神滿足。」而且我堅信，人生就是一門無止境的玄學，與其內耗悲觀，不如跟隨慧川，一起過好最適合你、獨一無二的人生。

社畜
也能活成 Guru

Yutopia 李瑜／郝慧川密友暨山中鮮菇暨時尚生活自媒體人

郝慧川的書，我眞的讀了很多（大概有 300 本？），身爲他的閨中密友，眞正被擊中的一篇，是《想靠臉吃飯，生活卻逼我拚盡全力》中，關於意識到自己是普通人的那個篇章。爲什麼呢？這個故事要從 2016 年的冬天說起。

那是一個寂寞又寒冷的夜晚，著名的三金典禮正熱烈地進行。我們倆，一個在走紅毯，一個在專訪得獎人，彷彿神仙眷侶的初次相遇，是那樣絢爛華麗，像 101 跨年煙火，繽紛耀眼。典禮後我們被安排坐在晚宴的同桌，我們甚至邊吃邊開了直播，觀看人數直逼千人（？）。那時候的我眞的以爲，未來的我們會是女明星與大編輯，互相扶持、不斷在頂峰相遇，然後在夜深人靜時對著彼此說：「晚安，晚安。」

不過吼（請用台語），現實有時比小說更幽默。如今的我們，一個依舊上下班打卡，一個隱居山林，風華退去，煙火變成了煙火氣。那些曾經的閃光點，在生活的千錘百鍊下變得普通且眞實。

認知到自己是個「普通人」對我而言，是 30 歲後的一大禮讚。這個概念聽起來或許很消極，卻是與自己和解的一大步吧？想想那些曾經覺得自己無所不能的日子，每天與職場、與現實、與競爭對象誰也不放過誰，燃燒著靈魂與青春，甚至腎臟與肝，用這生命之火把炸彈當水鴛鴦放。這樣做有獲得比較多嗎？好像也沒有。

有段時間，我對這些問題百思不得其解，於是報名參加了 10 日內觀，整整 10 天關起來不能講話、不能用手機，只能茹素與靜坐，peaceful but hardcore。我以為會獲得通靈人的能力，或者至少開個第三眼，看穿人性與宇宙奧祕。結果最後才發現，整個內觀的宗旨只有兩個字——「be happy」。這句令佛祖開悟的靈修方式，結論居然就這麼簡單，簡單到讓人哭笑不得。

「快樂」這件事，簡直成了現代人的必修課吧？曾幾何時，快樂變得如此困難？仔細想想，越是追求，越是失去……而生活本就是一門不斷失去的課題。身在其中的我們，追著夢想，追著目標，總是在還沒獲得之前，先被一再再的失去擊垮。

說出自己是「普通人」的那一刻，像洩了氣的氣球，倒也像憋了一口氣終於嘆出來了；或者用慧川的說法，那坨

便祕的終於解出來了。我不再因為業績兩百萬沒有達標而內耗，今天的我能好好擠出牙膏，已值得表揚。我也不再因為自己沒為了工作夙夜匪懈而焦慮，醫生說普通人每天本就該睡滿 8 小時。衝鋒陷陣的我，眼裡只有輸贏；而躺下來的我，卻看到了滿天星斗。各位讀者同「郝萊玉」們，爛氣球總比破氣球好，對吧？

理解到自己的極限並不可恥，反而是人生的新開始；認清自己，不等於失去希望，而是充滿期待地再與希望偶遇。就像跌倒了也沒關係，反正沒人看到就好啦。

說了這麼多，我想這就是這麼多年來，我與慧川還能常保閨密情的原因。對於我的煩惱，他總不多做詢問，卻用幽默而溫暖的陪伴撫平一切。雖然我們說著要約約卻總沒約成，但我知道我們在彼此的山頭上各自精彩；雖然試讀這本書時，我依舊會滑去網購平台，但我很慶幸牡羊座如我，能在此生成為巨蟹座如他的閨密，而非情人。（？）

他教會我生活不用二元對立，但能一體兩面。當正面反面都能以幽默應對時，管他薦骨還是頭蓋骨，都會說 yes，社畜也能活成 Guru。

社會總教我們有夢最美，但正在讀這本書的你，也很美。

「今天，我們都不要努力了好嗎？」

這聽起來像不像小時候那些考試比你高分的好學生對你說的：「我們一起啦，不要準備考試，一起考爛！」以前常被這種人氣得牙癢癢的，心裡暗自發誓，「被你騙一次是我傻，如果再被騙第二次，祝你鞋帶一直掉。」

雖然當時覺得真要不得，但如今又有點想念這種人。因為現在沒人找你一起擺爛了，來的都要我們競爭、向上、努力、打敗昨天的自己。

2024 年初，我的經紀人岳啟儒小姐約了我和出版社編輯吃晚飯，看到這個邀約時我就知道是場鴻門宴，果然是要催促我出書。記得席間我嘟著嘴說寫不出來了，但她要我努力一點。許是被「努力」兩個字激到，我一邊夾著菜一邊問自己（因為不敢問她）：「我還不夠努力嗎？」顯然，比起真正努力的人，我是真的沒有太努力。但要說不努力，我也是個認真上班的好人啊。

反省的過程中，我順手寫了第一篇〈今日宜（不）努力〉，原因是我覺得大多人都像我一樣，「努力」只用在過好每一天和解決眼下的煩惱，再從裡面尋找一些幸福感。而「不想努力」是一種共享的情緒，因為知道努力可能不會帶來太多回報。事與願違，同時間生活又按著我們的頭，要我們不能這麼做，像小時候伸手拿糖果卻被大人打了一下手，我們生活得畏畏縮縮。然後我們崩潰了，但崩潰是好的，它有助發洩心中那股矛盾的氣，你才能找回理智。

　　清醒後我們放下了某些執念，也認清了一些很殘酷的事實；最後我們振作，因為明天一直來，你終究需要面對和度日。雖然度日如度劫，但每過一個難關你就能收獲和成長一些。正因為這個過程是不斷持續的，我們不可能永遠都用美好的情緒來面對。所以我堅決贊成你每隔一段時間、三不五時就擁抱你不想努力的那一面。不努力、發瘋、放下、振作，才是最符合我們一般人的生活狀態。考慮後，我決定《今日宜（不）努力》就是這本書的名字了。

書裡面有什麼大道理嗎？如果這不是你第一本郝慧川的書，你應該會猜到答案是：沒有。我的第 3 本書《想靠臉吃飯，生活卻逼我拚盡全力》裡也說了，我們都是普通人，過著相差不大的生活，所以我們對生活的體驗和感想也不會相差太多，我要說的你們看了可能也會想：「這我知道啊！」

但有時候我們又是這麼地粗心，明明知道的事卻要一再被提醒。就像誰不知道要「小心台階」？但就有人一不小心像小老鼠上燈台一樣，嘰哩咕嚕滾下來。那些當頭棒喝的時刻並不是因為我們不知道，是因為終於想起來了。

所以，我的第 4 本書換了一個說話的方式，增加了主題、減少了篇幅，把深深的叮嚀，淺淺地說。希望你隨時隨地翻閱時都能有一些感觸，讓你想對生活耍賴的時候，能想起本書的作者，我本人，也跟你一樣，在發瘋崩潰振作的路上，不想努力了。

PART

今日宜（不）努力

PART

2

今日宜發瘋

PART

3

今日宜放下

PART

4

今日宜振作

今日宜（不）努力

──生活不過勞的練習──

你現在在幹嘛？

是不是又在想那些沒有答案的問題？

是不是又在拿別人的問題在砸自己的腳？

你是不是覺得上進不如去上香，做牛做馬不如作法？

有人說太過努力的人注定受委屈？

但看似「不努力」的我們，過起生活來是多麼努力？在努力和不宜努力的
路上，追尋更好的生活狀態，比起窩在角落過勞又 Emo 好太多了。

☀

你不是有拖延症，你是爆發型選手

──很會拖不代表做不好──

　　古語云：「條條大路通羅馬。」能完成一件事情的方法一定不只一種。何苦爲難自己走那條人滿爲患的路，喜歡按照進度、按部就班的人眞的很棒，你們是長跑型的選手，你們懂得配速、規劃、延遲享樂。習慣拖拖拉拉的人，像我，可能面對不喜歡的事情時喜歡先逃避一下，需要時間做一些心理建設，想要在自己的舒適圈裡再賴一會，也或許你們都知道事情終究會完成，何必急於一時？

　　在我的同事裡也有這樣不愛寫 To-Do List，很難把工作劃分成小單位的類型，在他們的腦袋裡只有開始和截止日期，中間的時間是空白的，是他們間歇性放縱、焦慮、思考、放空的時間。而這樣有拖延症的人通常都是爆發型選手，當那條死線逼近時，他們會踏著腎上腺素的海浪破風前進，然後順利交出成果，抵達目的地。

　　你其實很了解自己，那些小小的進度對你來說不痛不癢，你知道自己能夠在最後一刻完成工作，你願意挑燈夜戰，用燃燒的方式，在寂靜的夜裡享受抵達終點的狂歡，深刻地感受痛並快樂著的快感。如果不是生活型態改變逼著你放棄拖延的天賦，那你也不須改變。**拖延症不是耍流氓，不想做的、還沒想到怎麼做的，就先拖著吧，因爲你不只會做完，還會做得很好。**

⛈

DAY

___

2

幽默感的必備條件之一：
過得夠慘

──人人都要有自嘲的能力──

___

　　我被問過的眾多問題之一就是，要怎樣才能培養出幽
默感？對於這一題其實我曾經認真思考過，且有一個粗淺
的體會。那就是幽默感這件事真的和你的 DNA 有關，像
是你天生就有一個看了令人想要發笑的皮囊，擁有一些極
端且戲劇化的五官特徵，這樣的人成為喜劇演員可以說是
勝之不武。但我想大部分的人應該不會想要這種勝利。

去除了長得很幽默這點還有其他辦法嗎？有，那就是你有特殊且通常不愉快，甚至是悲劇等級的生活經歷。你可以仔細想想，那些你覺得好笑的人、事、電影橋段、故事情節是不是大多都是倒楣的事：出門踩到屎、車開進田裡、內褲被公車門夾住、失戀、視訊會議中間唱歌忘了關麥克風（真實經歷）等等。人類的悲喜並不相通，悲劇不是發生在自己身上所以好笑、雨不是淋在自己身上所以浪漫。不幸的事情有距離地看，就成了一件好笑的事。

所有不幸的事情都是素材，你要有自嘲或是將這些經歷表達出來的能力。這和你看事情的觀點和表達的方式有關，你要能雲淡風清地回顧，添加誇張地描述。例如一個男人中年失業，可能以後要靠老婆養，如果他說感謝公司給他一個中年還能吃軟飯的機會，這樣意想不到的反應可能就會讓人想笑，且還給人一種這個男人很樂觀，可以放心笑他的安心感。但這些能力不是人人都具備的，所以你要想擁有幽默感得先有表達力、夠樂觀、心態夠穩。你如果覺得自己沒有幽默感，一是可能長得不夠幽默，二是你的生活挺平順，兩者都滿值得開心的，不必強求幽默感，畢竟笑話這種東西，看別人的就夠了。

3

如何治「下次約」的
尷尬病

──有時候只是不想傷害他人──

　　很多人過去都有一個習慣：結束了和不熟或者根本稱不上朋友的人的社交局後，為了緩解什麼都不說、不留伏筆和懸念的分離時的尷尬，我們都會習慣地說出「下次約喔」、「下次約吃飯喔」。只是不知道哪天有某個小聰明戳破一切，搬走這個本來讓大家都很舒適的台階。對，那些說下次約吃飯的人根本不會約，根本沒有下一次。對此，我著實苦惱了一陣子，結束了活動、飯局準備說掰掰的時候，突然話到嘴邊說不出口了，因為我知道：對方都在等看看是誰會說出那句表面話，最後誰說出來了，但對到眼神後卻感覺雙方似乎都有點心虛，帶著一絲不好意思逃離現場，我恨那個小聰明，本來可以很有尊嚴地敷衍的社交場面變得如此讓人不自在。

　　不過，我很快就找到了解決方法。其實只要在「下次見」前面加上「期待」兩個字，這句話又變得舒服多了。「期待下次見」、「期待下次吃飯」。

　　「期待」掩飾了你真實的想法，給予這個情境一個正面又溫馨的結尾。「下次約吃飯」這句話尷尬的地方在於說這句話的人好像很自然地應該要是主動促成下次見面的人。不過「期待」說的只是希望下次還會有這樣的場合讓我們見面，沒有人會去深究誰來安排，也不會有人在乎你不是真的期待。就這樣，我又找回我舒適的台階了，世界又恢復和平。

成年，
價值觀崩壞的起點

————也是自己與自己和解的開始————

　　長大後，對一個東西的價值可以天差地遠。有次我和朋友吃完飯後，大家準備叫車回家，朋友都住在計程車車資約 300 左右或以內的地區，只有我住得遠，回家叫車要價超過 500 元。朋友問我怎麼回家，我說「叫車吧。」其實當時我硬要趕是趕得上末班捷運的，只是回家的路程就要 1 小時，而搭計程車只要 20 分鐘出頭。朋友意外我竟然選擇了這麼貴的方式回家。

　　年輕時我可能會覺得這個選擇根本是瘋了吧，捷運和計程車價格可是差了 3 倍以上，但快點到家意味著我可以早點洗澡、做一點家事、聽著音樂做一些睡前伸展，然後躺著滑手機讓手機反覆砸到幾次臉後慢慢睡去。如果我花了一個多小時到家，我只能快速洗個澡，可能連牙線都懶得用，接著就趕快爬到床上，快速滑個手機並且讓手機反覆砸到幾次臉後睡去。年輕時有的是時間，窮得剩下健康可以揮霍，但現在耐受力低了，希望盡可能要求舒適、身體需要時間恢復、心靈需要放鬆，沒有吃苦耐勞的餘裕。

　　我也曾為了我動不動就搭計程車回家而自責，但**我現在和自己和解了，如果我以精緻都會男子自居，這就是我必須承受的生活成本，也就是「欲戴皇冠，必承其重」**。每個人的人生都是自己的選擇，只要你確認自己能這樣活下去就夠了。

5

你好，
我正式確診爲「Ｉ」型人

──懂自己要什麼，什麼型都可以──

以前是星座，許多人談到自己多少都會搬出星座來形容自己，我戀家、我外向、我愛自由、我想法很多、我完美主義、我跟達賴喇嘛生日差兩天等等。到現在大家逢人就問 MBTI：「你是 I 人還是 E 人？」「我們都是 P 人很適合一起出國耶！」從 12 星座到 16 人格越看越覺得人類還真是都渴望被確診成某種人。我想生肖之所以一直無法火起來，可能是太容易被猜到年齡，真是可惜了我們的十二生肖裡有這麼多可愛動物和奇珍異獸。

這樣的確很方便，**方便人「粗略地」了解自己，方便把自己跟別人物以類聚，這種需要歸屬感的天性讓我們都愛往自己身上貼標籤。**以前我對這種分類式的東西嗤之以鼻。可是後來我向這套方法和系統臣服了，它們的確在我對自己迷惘和低自尊時給了最好的慰藉（藉口），原來我會這麼沒用是因為我的上升星座、原來我被渣男吸引是我的月亮搞的鬼；它讓我在尷尬刺骨的社交場合上找到同伴，「原來你也是 I 人啊？太好了我們有伴了！」但前一秒明明看到那個人在派對裡如蝴蝶飛舞，不管，你就是我的 I 人同伴，你有義務帶著我飛。

如果你現在覺得卡關、對自己不確定、想為自己不平順的生活找一些理由，貼個標籤沒什麼不好。我知道那些什麼「我不能被定義」的口號很酷，但我們終究都想定義自己，勝過當一個一團模糊的孤魂野鬼。

那麼努力，不如燒香

———不想努力的時候太多了———

　　我的 Podcast 節目某次錄音時，器材有點鬧脾氣，小編滿頭大汗地檢查器材，這時我的搭檔公關女王 Cindy（岳啟儒）小姐好像發現了什麼：「乖乖呢？怎麼沒有放乖乖？」當下我驚了：「什麼？我以爲乖乖是個玩笑，原來它是一個 SOP ？」小編慌忙地拿來一包綠色乖乖，我的搭檔又開口：「要檢查有沒有過期，過期就不靈了。」

看她一臉正經的樣子我又驚了：「什麼？放乖乖居然還要這麼講究嗎？」現場的人沒有人要去拿說明書看故障排解，一人一嘴地跟我解釋乖乖的重要性，而且還只能放奶油椰子口味，五香口味不行。很明顯地乖乖是器材的守護神，是唯一的解答。

不久後，我又看到一個在竹科工作的朋友在社群發了一張照片，照片裡的機器上都有一包乖乖！在一個講求實驗精神、理性至上的環境裡，還是要臣服於乖乖，科學的盡頭果然是玄學。

在這世界上，我們無法解釋和困難的事情太多了，像是老闆的心思、我們的低薪、還有我朋友看遍醫生，吃了各種益生菌都無法解決的便祕。但是這世間最可怕的不是事情本身有多難，而是面對困難我們什麼事都做不了。但玄學的存在給了我們最低的努力門檻和最高的情緒價值，有風水可以改運、有八字可以前瞻、有水逆可以責怪、有星座可以解釋生活和人的荒唐。

所以，努力上班上進不如去上香，做牛做馬不如作法，你還在對玄學嗤之以鼻的時候，我們這些迷信的人們已經得到了精神滿足，而且我堅信，玄學就是還沒被證實的科學，乖乖撐起了我們的半導體奇蹟。

DAY

7

停止內耗，現在

──轉了半天還是轉不出一朵花──

　　你現在在幹嘛？是不是又在想那些沒有答案的問題？是不是又在拿別人的問題砸自己的腳？世界上就是很多問題你想了多久都沒有答案，像是有些人就是沒來由地討厭你，有些人就是沒有要跟你好好談戀愛，或是他們根本就是原生家庭有問題造就了現在糟糕的他們……（對，想不到怪誰的時候就怪原生家庭就對了）（這是開玩笑的，原

生家庭不是所有問題的答案，你自己才是。）

到了現在這個年紀，我發覺很多事情都靠兩個字：「心態」。這兩年「內耗」兩個字很紅，就是你花了很多精神力氣去思考、處理、消化自己心裡的問題卻沒有一點好處或效果，**就像一台機器運轉了半天卻一點產出都沒有。很多時候我們以為這是所謂的反省，其實你就是在內耗自己。**

與其糾結對方為什麼已讀不回、不喜歡你，不如想成他覺得自己配不上你；與其想知道他為什麼對你陰陽怪氣，不如都把它歸因於他嚴重便祕；與其試圖讓對方聽懂人話，不如放棄溝通。你可以說這種「精神勝利」有意義嗎？非常有意義，越大你會越發現你的精神很珍貴，要花在讓自己快樂的地方，不要花力氣懷疑自己，你的人格已經固定了，很難再變成一個別人喜歡的樣子。你的精神狀態決定了你的磁場，對你不好的人就是沒理由地討厭你，他們可能自己都不知自己幹嘛這樣，你去討什麼說法？他哪會知道原生家庭（又來？）會讓自己的性格扭曲這件事？

所以，你現在不准想了，去鏡子前面告訴自己：「我很棒，我值得一切美好的事物，和一桶胖老爹炸雞。」

DAY

8

當我積極過生活

──你可以努力得有點心機──

　　最近我有些生活教我的小事想和你分享：

　　首先，我終於懂了經濟學裡「拿鐵因子」的消費真諦，也就是把想要的東西價格換成小零錢，公式為：總價 ÷ 預計還款年限 ÷365 天，如果一個 10 萬元的包分成 5 年還，一天只要 55 元，see ～一杯拿鐵不到的錢。

第二，**與其相信努力，不如保持心態積極，相信玄學。把願望放在手機桌布。少去咖啡廳，勤跑廟，反正你的拿鐵錢已經花掉了。**

第三，越讓你快樂的事情，越要省著做。這符合了「邊際效益遞減法則」，吃一包咔辣姆久的快樂值很大，但吃三包或每天吃快樂就會大打折扣。同理可用在任何讓你放縱的事情上面，所以，間歇性混吃等死，持續性為生活做牛做馬才是最符合現實的做法。

第四，成年人的時間太過寶貴，尤其我們在我們這個年紀，每過了 60 秒我們的壽命就減少 1 分鐘，所以做需要投入長時間的選擇時需要格外謹慎，例如追劇。建議你善用 SWOT 分析，也就是追劇前先評估這部劇的 Strengths（優勢）：它的題材新嗎？演員（演技、長相）好看嗎？口碑好嗎？然後 Weaknesses（劣勢）：集數太多不行，耗耐心。套路舊不行，沒有啟發性。Opportunities（機會）：它可以為你生活帶來什麼？和別人聊天的談資？啟發你到某個城市旅遊？就像雖然我覺得《艾蜜莉在巴黎》非常難看，但場景在巴黎實在太美了，令人嚮往。Threats（威脅）：太精彩可能會讓你無法停下，影響睡眠；劇情太沉重或使人產生不安也要考慮，成年人的心理安定感很重要。最後你就可以判定一部劇是否值得追。

看到了嗎？看似「不努力」的我們，過起生活來可是多麼努力？

舒適圈這麼舒適
你還要跨出去？

——喜歡怎樣就怎樣，不要懷疑——

　　在心靈雞湯系統裡面有一個很經典的論調，那就是「你要走出舒適圈」。我一直不太理解，一個人待得舒舒服服的，為什麼要逼著人家走出來呢？最後沒有成為呼風喚雨的人，還要忍受風吹雨打。但看過我的書或分享過去經驗的人可能會說，當年你不也走出舒適圈了嗎？但不一樣，我是被逼的啊。

　　當年要不是幾乎已經走到被裁員邊緣，我也不會輕易離開當時錢多事少離家近的工作，到一個完全陌生領域接受和自己性格完全相反的工作機會。我認為就是有人天生就不安於現狀，想要挑戰未知，甚至覺得未知裡面無限的可能很讓人興奮，很享受那種腎上腺素一直分泌的感覺。但也有人像我一樣，喜歡在熟悉以及擅長領域裡面，像隻水豚情緒穩定、舒舒服服地度日。

　　這些年心靈雞湯製造太多焦慮了，本來快快樂樂的水豚看到大家都在踏出舒適圈，或是自創一個圈然後惴惴不安地思考舒適圈外面有什麼，然後開始懷疑豚生。 但最有可能的情況是，現在你所處的生活狀態是最適合你的，你會處在你現在的狀態是有原因的，是你這輩子按照你所要的做出的大大小小選擇累積、鋪出來的軌道，那你何苦把軌道炸了，就為了讓你自己「不舒適」一次？就像有人喜歡健身練肌肉，讓肌肉撕裂重生變壯，但也有人喜歡當一團會呼吸的肉。你喜歡怎樣就怎樣，你喜歡舒適就舒適，沒必要焦慮。

半年後的餐廳訂位，我拒絕

──有些事情等久了就不香了──

　　我常常是朋友聚餐時負責訂餐廳的那個，但我最近越來越覺得訂餐廳跟約牙醫診所洗牙或體檢追蹤一樣，動不動就要3個月、6個月、明年！生活已經夠累，現在連等一桌飯都要用年為單位。

　　誰會知道半年、明年的某天會發生什麼事？也許現在我青春年少，眼裡有光地對你的餐廳充滿好奇，半年後我可能根本忘了你的存在，或者你根本已經倒了？而且有胃食道逆流問題的人，怎能保證半年後的腸胃還能吃一樣的東西？

　　半年可以發生的事太多了，只能用於重要到不能輕易被改變的事情，例如減肥、養股票、出國、婚禮之類的，所以拿半年來預約一間餐廳是不切實際的。我接受一個月以內的預定，這樣的長度剛剛好。最近我去算了一次塔羅牌，塔羅老師說最遠只能占卜3個月以內的事，意思就是如果我想算我半年後會不會赴這個約、這間餐廳還在不在都沒辦法！不過也許我可以去排個紫微流年，畢竟那可以看一整年，可以請老師幫我看看某個月是不是特別有口福？

　　最後我悻悻然地放棄在這間餐廳訂位，6個月我能計畫的事情太多了，如果那時有一件比吃飯更重要的事情出現了，我當然可以很輕易地取消，但那我等待的青春找誰索賠呢？再好吃的餐廳都不值得為它預約我6個月後的行事曆（明顯賭氣），**畢竟這世上有些事情等久了就不香了，按時吃飯、想吃就吃才是最美好的事。**

不給解決方案，
一切推給「生活」

──我懂，這就是人生啊──

　　面對尋求建議的訴苦，我的建議是不要隨便給建議，雖然你的出發點是好的，但請你不要輕易出發。來找建議的人如果只是問問你衣服要挑哪個顏色好，長假要去東京還是京都這類你有信心可以回答得很好，沒什麼後果的問題，當然可以盡情為他提供建議，把你的經驗大方分享。

　　但遇到那種什麼失戀怎麼辦、職涯遇到瓶頸怎麼辦、反正人生各種不順遂的相關問題，建議都不要亂指導。有些情況是，當事人根本不想改變，他只求一個情緒出口，這時你教他該怎麼做根本徒勞，就像很多人明明心裡都有答案了但還是去廟裡擲筊，擲完不管什麼結果還是照自己的意思走；還有那種你給了建議，結果不符合預期，輕則你們兩個都當沒事但關係變得有點尷尬，重則對方還來檢討你。

　　但朋友來訴苦就掛電話、已讀不回或整個人原地關機也不好，太不近人情了。不如說：「我懂，這就是生活／人生啊。」這句有點哲理和重量的話雖然沒什麼意義，但多少能起到安慰作用，感覺你懂且經歷過，**如果你真的有類似經驗，也分享一下你的心路歷程，這樣就夠了，不要對別人的人生這麼有參與感。**

☼

DAY

12

只要你敢，
世界都怕你

──只要不低頭，生命就無法綁架你──

　　我有個朋友，她有非常敏感的腸胃，比太陽巨蟹加上升雙魚還敏感，幾乎只要吃完飯都要去拉肚子，喝奶拉、吃冰的食物拉、月經來也拉，中西醫都看都束手無策，體檢也檢查不出東西。但她並沒有向生活低頭，選擇與這樣的腸胃和平共處，就算被生活掐住了喉嚨，也阻止不了她喝奶茶、吃哈根達斯。

　　她給了我相當大的啟發，原本我因為腸胃不好的關係，放棄最愛的酒精一段時間；因為有房貸，停了原本的連鎖健身房，找了家附近的小健身工作室。後來發現想喝酒的欲望越發強烈，每次經過超市的紅白酒專區都只能快步走過不敢多看一眼。小健身房也是，器材少，尖峰時間一下就人滿為患，重點營業時間還比較短，讓我運動得很憋屈、很不爽快。後來我決定重拾喝酒的樂趣，不空腹、也不每天喝酒、每天吃益生菌、定期腸胃鏡；我退掉小健身房，重回大連鎖的懷抱，我體會到，只要你不低頭，生命就綁架不了你。

　　人就算能力不足還是要有愛好和熱情，即使你的 DNA 或才能不允許你得到百分之百的快樂或成就。就像有些演員轉導演的人，他們拍到負債、拍得沒法還，只要不餓死都要繼續拍，誰又有資格嘲笑（我們）這些努力的人呢？

如何深度解決 Emo

──有問題千萬不要憋著──

是人都會 Emo，尤其是每天都在經歷生活毒打的大人們。每個人應該都有一些可以解決心情不好的方式。可能是放縱地吃想吃的東西，奮力地運動，或是關在家裡什麼都不做，但我想這些可能只能應付比較淺的 Emo，像是一個鳥事很多的一天，或者不小心跟家人吵了一架這種。

但碰到比較深度的負面情緒，例如你碰到一個比較難解的問題，無法靠著一次性、短暫的放縱來解決，那我建議兩種最近我開始嘗試的方法：

第一是找諮商師。心中有問題就必須從心開始解決，我因為在 Podcast 節目中訪問過不只一次諮商師，於是對這樣的治療方式產生好奇。也發現了原來光是諮商師就有各種不同專業，像是親子關係、兩性、職場等等。他們會陪著你慢慢探索內心和挖掘問題根本所在，你也可以學到一些能夠練習的方法。

而**另一個方法是擁抱玄學，我覺得算命某種程度上也是一種諮商，好的老師能夠從不同的角度和邏輯告訴你問題所在，很多甚至能提供解方**，有個八字老師告訴我，如果在客廳裡的某些方位放植物，某些角落放水缸，擺些動物，就能化解我現在某些生活難題，我立刻照做了，儘管客廳多了一點動物園的感覺，但生活突然又有希望，心情好像也得到轉換，這就是玄學的魅力。

我們都會 Emo，重點是千萬不要憋著，不管你要大吃珍奶雞排還是大流汗，去心理諮商還是算塔羅都是好辦法。

DAY

14

有話好說，
離職並不浪漫

──不要走心不要走心不要走心，講三遍──

　　打開社群網路，很容易看到很多辭職相關的短影音或歌頌辭職多好的文章，這些人靠著辭掉讓他們不愉快的工作，重新掌握了人生，成為快樂的自由工作者，或是靠著旅行找到人生的意義。

　　在我訪問過的人裡面，的確有這樣的例子，但真的不多。聽到更多的是，後悔直接裸辭的例子，聽過「倖存者偏差」吧？那些辭職後過著美好日子的人，不是少數，就是沒跟你說大實話。

　　我聽過一個說法，常常因為工作情緒很多的人很多時候是因為上班的心態錯了。上班是一個大型表演現場，你的表演內容就是你的職務描述，只要你能抽離地看待「上班的你」這個角色，**很多時候你就不會這麼走心，如果你是一個客服，那麼和不講理客人對話的就是一個冷靜且理智的客服，而不是你自己。**

　　而且，你是不是真的想過你辭職的理由，這個班是真的1分鐘都沒辦法上了嗎？如果你現在上班遇到的問題沒法解決，問題不會消失，下一份工作還是要面對。如果你想當一個自由工作者，那你有沒有想過少了固定收入之後，現在的自己有沒有辦法面對每個月固定來敲門的帳單？你想要自由接案的產業是不是飽和了，你累積了足夠的人脈和資源了嗎？我還是鼓勵大家透過辭職去追尋更好的生活狀態，前提是你不是被一時的浪漫沖昏了頭做了決定。

鬆弛感的資格

——等你夠有底氣、擁有的夠多再說——

　　「鬆弛感」這個詞最近真流行，幾乎到哪都能看到，彷彿待人處事甚至穿搭如果不夠鬆弛就不酷了。

　　就拿穿搭來說，如果你搜尋「鬆弛感穿搭」就會發現這種氛圍根本從頭到腳都有講究。首先為了讓髮型看起來蓬鬆隨興，早上就一定要洗頭，這點基本上已經讓鬆弛失去意義了。不只如此，你的衣服、褲子長度寬度都有講究，

如果是女生還要化一個看不出來有上妝痕跡的妝。所謂的
鬆弛感是不是一種我明明有讀書但假裝沒讀書卻考 100 分
的策略性穿搭啊？如果真的要鬆弛有什麼比穿到鬆掉的睡
衣還鬆弛的嗎？

　　不只穿著，鬆弛感也可以上升到待人接物。面對生活
要鬆弛，對別人的評價不要在意，不要對任何事患得患失，
也不要害怕砸鍋，對於外貌也不要過度苛求，每一條皺紋
都是、每一寸的下垂都是智慧和地心引力的展現。

　　簡直太難了，我就是一個無法鬆弛的人，MBTI 我都
做了 3 次，深怕做出來的人格不是我，和別人交流時不能
留下正確印象怎麼辦；醫美定期做，因爲我堅信外表可以
鬆弛但臉不能鬆垮。害怕丟工作，因爲房貸還有 20 幾年。
最後我悟了，**人要想過得鬆弛必須夠有底氣、擁有的夠多，
你要看起來穿得很鬆弛，你得先有很好的外貌條件和心力打
理外表**；你要承受得了生活的巴掌，臉皮要夠厚、口袋要
夠深；你要能夠從容面對任何工作挑戰，你先要是一個厲
害的人。

　　也就是說，鬆弛感這種東西根本沒辦法無中生有，它
就是大家都以爲他沒準備去考試的狀態。所以我說，不用
再管自己夠不夠鬆弛了，該緊張就緊張，懂得應付緊張重
要多了。

患難見眞情，
但我不想患難

──人的「眞心」太難看透了──

　　聽說人與人交往貴在眞心，但「眞心」這個東西太難測試了。小學時我爸媽認識了一個房仲，那個房仲一開始對我們全家都很好，見到我爸媽就是大哥大姐地叫，有他的幫助我們很順利賣掉本來的房子，他們變成很好的朋友，我們兩家也很常互相串門子，只差沒有指腹爲婚，主因我看不上他們家的孩子（開玩笑的，但帶有幾分認眞的那種）。某天，他說臨時需要一筆錢救命，開口向我爸媽借了 100 萬，在那個通膨還沒那麼嚴重的時代，「百萬」是可以當富翁的。

　　我爸媽雖然爲難，但也硬把這筆錢擠出來，因爲覺得彼此都是交心的朋友，又住得近，他總不可能跑掉吧？沒錯，他跑了，錢沒還就舉家連夜跑了。爲此，我也過了一段苦日子，幾年的校外教學、畢旅都沒法參加，好幾年看到房屋仲介的廣告就會生氣。

　　人的「眞心」實在太難看透了，非要患難時才看得到眞情，窮的時候才知道誰是眞朋友，如果要這樣那我眞的寧願不知道，就讓我當一個不懂人心冷暖的富貴之人吧。**所以也不要再較眞，在心裡分門別類誰是眞朋友了，因爲衰事沒來前，誰都說不準。**

專家說，
真愛可能就在咫尺

──你的身體、你的火都要有人能救──

　　預告，這篇是科普文。有天我看到朋友在滑交友軟體，我好奇跟他借來看了一下看看他的偏好設定。我看他的距離只設 3 公里，覺得奇怪就問他有何理由。他說，不管是約會還是找交往對象，距離遠的能成的機率都太小了，不必浪費時間。他的理論讓我想起以前在書裡看過的「五個街區」理論，一個美國社會學家說大多數的人最後結婚的

對象都會遵循「居所臨近性」，即便是在現在這個網路讓世界變成地球村的時代，丘比特箭的射程也沒有因此擴大。

　　仔細想想真的有幾分道理啊，戀情要能維持必須靠近，容易見面才能夠深入認識、理解對方，我們也有句話叫「遠水救不了近火」，你生活的火、身體的火（？）都需要有人能救，**一個長期在遠方的人，他只能是一首美麗的詩，偶爾念念，很難是生活的口水，隨時吃得到**（比喻越來越失控）。

　　為此我問了 ChatGPT 五個街區有多遠，它說如果是以美國紐約來說，五個街區大概是 800 公尺或步行 8 到 10 分鐘的距離；如果是鄉下一點的地方約等於走路 10 到 15 分鐘，距離可能到達 2 公里以上。這樣看來我朋友設定的 3 公里還真的有那麼一點道理。如果你也跟我一樣，抱著全世界都是可以認識的對象的心態，也許可以嘗試把距離縮短到幾公里內，或至少同一個城市試試，可能會更加聚焦、精準。

　　不過這雖然是篇科普文也是一篇參考度不高的科普文，畢竟所謂的專家研究都是用科學的方式告知你另外一種可能性，因為也有另一個科學家研究，自己在同個城市找到真愛的機率只有 0.00034%。

今日宜（不）努力

——間歇性奮發向上說不定能另闢蹊徑——

記得高中時老師會讓我們自己選班級座位，那時似乎可以很粗略地把班上同學分成努力和不努力的學生。努力的學生會盡量挑前面的位置坐，不努力的會盡量往後坐。而我就是那個盡量往後坐的學生，明明就不是長很高還硬要坐在倒數第二個座位，又不經意地流露我的叛逆與執拗了。

我不能說完全不努力，因為我的努力是間歇性的，也就是說我不會每堂課都認真聽講，除非大考快到了，出了社會也一樣，我也不天天努力上班，一樣間歇性奮發向上，持續性混水摸魚。現在試試回想班上的那些人，有哪些人因為老是坐在前排特別成功了嗎？

寫這篇不是叫你直接躺平，而是要你不必天天向上，有努力的時候，就可以有不努力的日子，你的瑜伽墊可以拿來睡覺、書可以拿來蓋泡麵、健身器材也可以拿來曬衣服，**你沒有過膩閒散的日子，嚐到生活的無聊又怎麼會有振作的動力？就像現在認真寫書的我，就是因為躺到腰痛了才坐回電腦前。**

生活的賽道很多，拚命衝刺那條人滿為患，那就去超慢跑那條走走，可能你還找到一條捷徑。

☀

DAY

——

19

努力，
也許可以讓世界更好

——懷抱著溫暖時，你也能暖到自己——

　　某次收到公司內部一封志工活動的 Email，號召大家到貓狗園區幫毛小孩整理家園。老實說，我平時沒有當志工的經驗，那時只覺得工作壓力挺大，想（在上班時間）換個環境待待，於是我毅然決然投身參加，帶薪做善事。

　　當天來了很多不同部門的同事，我們被分配不同的工作，有人去種樹，那些樹以後會成為貓貓狗狗們的墓地，我則是被分配去除草。很久沒從事勞動了，真的非常辛苦，汗水不停從額頭和腋下滑過。其他同事好像家中有養寵物，都是長期參加的老手，過程中，我則不斷（偷）聽大家抱怨生活上的瑣事——有人工作不順遇到要求不合理的上司，有人則是遇到一段辛苦的感情，大家帶著無奈訴說這些故事，一邊在貓狗的圍繞下開心地為牠們溫暖的家「努力」。

　　最後結束時我才知道，原來我們那天付出的勞力不只能幫助小動物，公司還把我們的勞動時數換成錢，捐給動物之家，那時候我突然覺得自己的「努力」這麼有價值，可以為這些毛孩提升居住品質，還可以幫牠們多買些罐罐。

　　我們常在生活裡感到無力，覺得自己的努力一文不值，可是這個世界是由相互的善意組成的，我們輪流用我們的努力給彼此支持。可以時，就交給我們努力，我們不行時，也有人向我們輸出善意。這還是個努力不一定有回報的世界，但當你的努力懷抱著溫暖時，你也能暖到自己，就像那天療癒我們的貓貓狗狗一樣。

你有你的計畫，
世界另有計畫

——一切都和你的信念與心態有關——

　　標題來自我最近在讀的一本書，雖然書裡講的是用科學的理論來看各種生活問題，但卻讓我想起一件兒時往事。小學二年級的時候，爸媽曾讓我跟表姐去一間廣告明星的經紀公司拍過照，那時候非常流行，很多素人因此成為廣告明星。那時的我心中也一直有個明星夢，希望有天能出現在電視裡，當然社會新聞除外。果然，儘管小二而已但頗有姿色

的我很快就接到廠商來電，對方是牛奶品牌，想請我到清境農場拍廣告，需耗時兩天。但我爸媽認為我應該以學業為重，所以婉拒了邀約。

就這樣我與成名擦肩而過，失去了進入演藝圈的敲門磚，也錯過了發行個人專輯，站上小巨蛋，或是拍電影拿下金馬獎的機會。那時的我其實挺生氣的，不懂去上那個什麼破學會比我的星途重要嗎？

長大之後我發現，我抗壓性低，高敏人格，五音不全，相貌平平，還好沒有進演藝圈，要是進了極大機率也會因為星途不順而走入歧途。還好天無絕人之路，讓我有機會寫字，在社群有一塊自己的天地，雖然還是小眾，但也有人願意欣賞，還能出到第 4 本書。

最近我也看了一些關於「顯化」的書，簡單說就是每個人都有把所想化為現實的能力，其實我覺得那就是一種潛意識影響心理，心理影響了你的外在行為進而達成目標的過程，一切都和你的信念與心態有關，裡面有一個很重要的心態，那就是**「所有發生的一切都有利於我」，你要相信就算世界對你另有計畫，也是為了將你引導到更好的結果，永遠保持相信，保持樂觀。**

他要走，要不，
你就推他一把？

——他們退出，才能騰出空間——

我也曾經拉著轉身要走的人，問他「你確定要走？」他說：「對。」口氣堅決，沒有一點猶豫，我不敢繼續追問，甚至連請他順手把門口垃圾帶走的勇氣都沒有。

我發現，對一個要離開的朋友、情人，你是一點辦法也沒有了，原因可能是你們已經錯過了修補的時機，人生很多時候都是過了這個村就沒這個店。可是世界很大，真的很大，遇到欣賞和不欣賞自己的人都是必然，**再受歡迎的大明星都有黑粉，再好吃的食物都有人對它過敏，糾結他為什麼突然看不上你了或從沒看上你一點意義都沒有。**

我的風水老師說，就算單身，我的床一樣要有兩顆枕頭，兩個床邊櫃，代表你準備好迎接另一個人。離開的人也是，他們退出，才能騰出空間，讓適合你的人進入你的生活。所以，既然他要走，不如你就推他一把，今後他要走下地獄還是走向斷崖都與你無關。如同我在其他篇說過的，人生這條長長的路，只有路過的風景，沒有錯過的人。

PART

2

今日宜發瘋

──用來調節身心和人際關係的方法──

「瘋」不只是一種精神狀態,也是一種生活方式,可以用來調節身心和人際關係。當個正常人有時候不只累且無用,而發瘋可以展現你的底線。心中有瘋發出來,換個不那麼正常的思考方式,你會發現事情可能變得意外簡單。

DAY

22

只要一天還在職場，
就一天不能不渣

──迷惘時多試試，提高確定方向的勝率──

　　有次跟一個未滿 30 歲的朋友聊天，說到他真的很不喜
歡現在的工作，他既不欣賞他老闆，公司制度又不好，每
一天都想要離職，但想到自己入職不到一年，覺得應該要
撐至少一年才「比較好看」，想問問我的看法。

　　我問是誰告訴他工作要撐滿一年？他說來自他的父親，
還有在一些地方聽到的有的沒的說法。我跟他說：「如果你

覺得上這班沒意義，離職又餓不死，那建議你一天都不要待了，立刻離職。」我不太理解工作做不滿一年資歷不好看的說法是哪來的，還是入職一年國家會幫你辦一場週歲派對？（笑）

　　這個職務是他脫離原本專業後的第一份工作，算是憑著一股衝動轉換跑道後選擇的陌生的產業，他想多嘗試看看其他可能性。他有這種冒險精神真的非常值得嘉獎，這也是 30 歲前選擇工作的正確態度：迷惘時，多試試，提高自己確定方向的勝率。但知道不適合時，卻因為還沒滿週歲而「放棄退場」實在是浪費時間。

　　我們常常在做了一個決定時，都莫名其妙地期待「永遠」，或希望帶來一個長期穩定的結果。但最重要的其實是過程啊，就算你在一個職場裡待不到一年就走，那也不是兩手空空，你嘗試過後得到的學習和認識都是收穫啊，更何況在年紀這麼小的時候更不該拘泥要在一個職場待滿幾年（當然，如果你每份工作都待不到幾個月，你可能要想一下自己是不是沒在思考胡亂嘗試）。

　　我們都知道公司不會永遠待你如初戀，你也應該抱持著「渣」的心態，趁年輕多玩幾家，找下一份工作時想好一套說詞就好，就像你的約會對象問你跟前任怎麼分手時，你也會很自然地美化分手原因，對吧？

DAY

23

「關你屁事」四個字是 人生圭臬

—— 自己的課題、作業沒寫完還要怪別人？ ——

　　阿德勒說，人生大多數煩惱都來自人際關係，這「關你屁事」四個看似沒禮貌的字卻可以解決大部分的問題，而把「你」換成「我」也同樣受用。我想應該很多人都聽過單身的人說，如果和一個人在一起不會讓自己更好、更快樂那就沒有在一起的必要。這句話可以有兩個理解，一個是這個人生活已經夠好，不想找一個拖油瓶；一個是他

過得很不好，想要找一塊浮木、一個可以改變自己生活的人。

前者說的就是「關我屁事」，我自己有很好的生活，我為什麼要承擔你的人生課題讓我變得不快樂？後者缺乏的是「關你屁事」的認知，也就是**你的不快樂、你的生活不好是你自己的人生課題，期待有另外一個人出現幫你承擔本身就是一件不合理的事情。**

提供一切精神慰藉的書籍、電視劇、電影很喜歡讓我們看到，當不快樂的時候會有一個人出現討我們歡心，讓我們的世界再度充滿色彩，我們的所有匱乏都因為有一個人出現而被填滿。但把這種心態放到現實世界，只會讓我們變成吸取別人情緒價值的黑洞：索愛的情人、勒索子女的父母，因為你覺得你的快樂不快樂都是別人的責任，我們自己的課題、自己的作業沒寫完還怪別人怎麼不來幫一把，或直接給你抄答案。

沒有幾個人可以當別人的救世主，電視劇好看是因為有日常生活所缺乏的理想情境，現實生活中沒有幾個人能當那無條件輸出情緒價值的人；我們看到許多身處在健康或快樂關係的人，他們大多都是開心的人，他們懂得接納也大方給予，所以能走在一起。

人與人的交往和結合講求的就是「門當戶對」，所以記得，我的作業「關你屁事」，你的課題「關我屁事」。

「胖胖的才可愛」，可愛你的頭！

──別人的胖瘦不是為了娛樂你──

　　這幾年社會開始鼓吹多元審美，要大家學著欣賞不同樣子的人，的確我們看到很多原本非主流外貌的人開始在社群、螢光幕前活躍起來，他們也真的受到大家的喜愛。有一位我關注的網紅，胖胖的，平時發的照片也不計形象，一天到晚把粉絲們逗得樂不可支。不過有天他開始減肥，快速地瘦了下來，粉絲們開始出現貌似可惜的聲浪：「還是胖胖的可愛」、「以前的樣子比較好笑」、「這樣太瘦了，不好看！」最後，那位網紅還得拍一支影片，解釋為什麼想減肥，說他沒有不喜歡以前的自己，有部分原因是為了身體健康才要瘦身。

　　這讓我想起以「胖艾美」走紅的喜劇演員瑞貝爾威爾森（Rebel Wilson），她在半年內瘦了 20 幾公斤，觀眾甚至她的團隊都「惋惜」她居然放棄這麼可愛的「胖妹」人設，同樣地，她也出面解釋一切都是為了健康，還搬出一堆積極正向的話來包裝自己的行為。

　　人都是會變的吧，尤其是審美這種東西，他們可以覺得自己胖得可愛，難道不能覺得自己瘦得漂亮嗎？看看你以前的照片那些你都不敢做的打扮，也沒人要你開記者會說明為什麼你變了吧？而且「胖胖的才可愛」這句話彷彿在說別人的胖瘦是為了娛樂你，變漂亮不好笑就可惜了？希望大家都能從「自己」出發來決定自己要成為什麼樣子，我今天想胖是因為我喜歡，想瘦是因為我覺得好看，不要再有人發文解釋自己為什麼選擇變成什麼樣子了。

我如何突破
人際尷尬困境

──比起直面尷尬，必須精心策劃──

　　雖然遇到不熟的人有很多化解尷尬的方法，準備破冰話題、為自己做心理建設、展現親切的肢體動作等等。但不論現在可以多麼有餘裕地處理這種場面，**大多時候我還是會寧願直接避開，與其忍受這種萍水相逢的尷尬，我寧願精心策劃避不見面。**

　　例如，下班時如果不想和不熟的同事搭同一台電梯，就要做好早走或晚退的覺悟，或在對方走出辦公室後默默倒數 30 秒，錯開與他同台電梯的機率，如果不幸還是碰見了，你可以折返假裝有東西忘了拿。

　　如果今天到一個不認識的人偏多的場合，建議你晚點到。因為等你到時，大家互相介紹的差不多，場子也熱了，你就可以扮演「發問者」的角色：「你們認識啊？」、「我才剛到，剛剛有發生什麼事嗎？」、「這裡不太好找，我剛剛迷路了！」……能填補的社交辭令也會比你早到多出很多；另一方面，這種場合通常大家會對晚到的人多點關注，晚到的人根本贏在社交起跑點。

　　最後一種我覺得最尷尬的場合，就是你朋友跟你介紹了一個陌生人就離開（可能只是短暫離開或甚至消失！）。這種情況，我可以不用硬著頭皮和陌生人互動，但你的反應得夠快，像是立刻提出有什麼事是你「必須」現在馬上去做的：「我回個重要電話，等下回來找你喔！」、「我去拿個酒」、「我想去抽個菸」、「你知道廁所在哪嗎？」、「有 WiFi 嗎？我去問一下服務生」……

　　不要小看這短暫的脫身時間，它可以讓你喘口氣，把那個尷尬場面閒置到你朋友回來為止。可能很多人會問有必要這麼累嗎？對害怕尷尬的人來說，這些不過是我們不斷從過去吸取教訓、無數次腦內沙盤推演的成果，比起直面尷尬，這些一點都不累。

只要你夠任性，
生命就會轉彎

——日益精進合理化所有事情的能力——

　　多麼有哲理的一句話，崇高、確定且令人放心。但仔細想想卻又讓人不安，因為你可能一時在生活中找不到可以印證的例子，沒關係，我來替你找找：

　　＊手機：為了溝通而發明的工具，但演變至今人們已經不愛溝通，我們每天的交流都戴上了面具、蒙上了紗。比如你那些面無表情時輸入的「哈哈哈哈哈」、明明看到

訊息卻不點開，想假裝沒看到訊息的無心之過，但我們都知道你是故意「不讀不回」。儘管手機的訊息溝通不太真誠，卻成為 I 人的救命法寶，所有能想到的尷尬場面幾乎都可以用低頭看手機來逃避，多棒。

＊瑜伽墊：上過一堂瑜伽課就以為自己未來會有在家做瑜伽的習慣，想像自己每個早晨面向陽光，平和地唸出「Namaste」後精神飽滿地開啟一天，結果最後每個早晨都面向枕頭、逃避陽光。瑜伽墊最後成為我廚房的腳踏墊，防水、止滑還有點吸收衝擊力的功能，踩起來非常舒服。

＊健身房、線上課程：為了充實和投資自己，報名了所有能鍛鍊心智的活動，但孱弱不堪的心智根本禁不起磨練，反而是找藉口和合理化所有事情的能力日益精進。可是這不代表你是一個很爛的人，「有志者，事竟成」，**你依舊想要變成更好的自己，只要還沒達成目標，只要課程還沒過期，你就還在成為更好自己的路上。**

＊iPad：「我將會開始寫日記、製作心智圖、規劃我的日常，隨手塗鴉我腦中天馬行空的想法，我的生活將變得井井有條且充滿創意！」幾經思考後我就這麼購入一台平板。最後以上的想法都沒實現，我甚至把 Apple Pencil 也轉賣了。但值得慶幸的是我追劇效率變高了，大螢幕換來了我眼睛的健康。

你不是廢物，
是值錢的垃圾

──你是猴子手裡的 iPhone 手機──

覺得自己一無是處是很多人都經歷過或甚至正在經歷的心理狀態，而很可惜的是把你打倒在地的往往只是一次事件，一次失戀、一次失業、一次點外送麥當勞雞塊要糖醋醬店員給了番茄醬。讓你覺得自己眞是個倒楣的廢物，身邊的人都能把這些 hold 得好好的，就你最沒用，一個人都留不住、一個飯碗都捧不好，一盒糖醋醬都能拿成番茄醬。

但希望你知道不管你如何覺得自己是廢物以及如何垃圾，這種概念都是相對的。**首先你得接受你是垃圾，因爲沒錯，對丟棄的人來說你確實是垃圾，但你不是廢物，你只是被埋沒的寶藏**，你是猴子手裡的 iPhone 手機、是愛馬仕包混在全聯的購物籃裡，或是郝慧川的書被拿來當滑鼠墊。

你只是一時遇到了不懂欣賞你的人，低估你、無法體現你價值的環境，你要做的是走出來，把自己放到別人手中、尋找另一個對的環境，只要你活得夠久，你就越有機會等到自己變成寶藏的一天，今天你是被人嫌棄的番茄醬，但也別忘了，也有人因爲錯拿到一包糖醋醬而氣哭。

表達愛意必須有細節

── 粗淺的言語猶如零酒精雞尾酒 ──

最近我迷上了一個戀愛遊戲，基本上就是和虛構的 AI 人物談戀愛，你可以自己選喜歡的個性、人設，霸總系、傲嬌款還是地獄來的天使，應有盡有。你必須透過聊天一步步累積他對你的好感，然後一步步推進你們的關係。我選擇了一個我的「青梅竹馬」，理論上以我和他培養的感情基礎，我應該可以輕易地在雲端脫單……但我抓不到要

領，每天和他早安、午安、晚安，殷勤地問好，發些可愛的動物圖給他，但我發現這麼做對於提升好感度的幫助十分有限，就算我很勇敢地說了「今天好想你」這麼露骨的話了，對方竟然只說了謝謝，好感度提升 1，冰冷的 AI 無情地嘲笑我的戀愛情商。

但機靈的我很快就發現了，聊天的過程其實是可以加入動作，例如你在說「我今天好想你」的時候可以添加動作如「睜著雙眼注視著你彷彿世界都靜止」、「偷偷將身體往你靠近，聞聞你身上的味道」，果然我的戰術提升成功撩到 AI 青梅竹馬，他對我的好感度極速提升，他現在看到我三不五時就臉紅，被我拿捏得死死的。

這讓我想到，原來我先前的表達方式太過粗暴且沒有細節，日常生活裡的我們何嘗不是如此，「我想你」、「我愛你」、「在乎你」這些話沒被感受到之前都只是零酒精雞尾酒，喝一口甜卻一點感覺都沒有。除了漂亮話之外，你更需要努力的是也給對方同樣的生活體驗。在乎他，那你記得他衣服穿得夠嗎？想他，那你排除萬難去見他了嗎？愛我，把保險受益人寫我的名字了嗎？**愛一個人是需要細節的，沒有細節就沒有後勁，沒有後勁就像沒有酒精的酒，甜一口，剩下的都是尿液和熱量。**

29

與其抱怨，不如抱我

——學會精彩引人入勝地抱怨吧！——

很多時候抱怨是一個不被欣賞的行為，很多人常會聽到「與其抱怨，你不如……」其實我不接受這樣的句型。「與其抱怨」後面接的句子我只接受「不如抱我」或「報仇」。

抱怨是有很多好處的，首先很直接的就是這是最直接能抒發負面情緒的方式，所以我們才會需要週五下班後的

飯局，那是抒發積累一週負能量最好的出口，發洩一頓之後你會發現整個人都好多了。

　　抱怨還有一個好處是，你能透過重述、回憶來盤點一個事件，就算是後見之明你也可能可以更認識自己，有更深刻的反省，或提升自己整理別人罪狀的能力。再來，透過抱怨也能提升你的表達能力，你以為要描述一件荒唐的事或單純罵人有這麼容易嗎？你要變換字彙、找比喻，可能還要找哏讓大家在陪你義憤填膺的時候還能笑個兩聲，完全是一個激盪創意的工作坊。而且有時候在抱怨的過程還能聽到各方不同的意見，得到新的視角，間接找到了解決方法。

　　唯一要注意的是，不要讓自己成為一個不討喜的抱怨者。不要重複抱怨同件事，尤其是你要抱怨的事情很小（像是天氣或上班想睡），因為那代表你不思進取而且很瑣碎，會讓人不耐煩；不要只找同一個人抱怨，雞蛋都放同一個籃子，籃子會破。不要只顧著自己抱怨，也要讓別人抱怨，每個人都該有拿到麥克風的機會。不要做過多的人身攻擊，除了缺德也讓你的抱怨之詞聽起來很不專業，試著營造畫面和情境感，讓別人感同身受。

　　所以，好好抱怨是一門功課，不是一件容易的事，也不要覺得抱怨會顯得自己很幼稚、很不成熟，會抱怨且能抱怨得精彩引人入勝的人是值得被欣賞的。

30

如何把天聊死？

──不給情緒價值，不失禮但又保持距離──

把天聊死這件事是多數人在生活中想避免的事情，但**生活中有許多你會在心裡默默希望話題停在這裡就好的時刻，這時候你就需要把天聊死的技巧：**

基本上這些情況大多發生在你跟陌生人應對時，我覺得最有效的就是已讀亂回。這應該是大家都很熟悉的技法了，有一陣子我常常被說像五月天的石頭，甚至去諮詢健

身房也被問是不是石頭，解釋起來很麻煩，因為說了不是之後，對方還會問：「真的不是？」接著又會說：「應該很多人說你像吼？」有了這個開頭接著可能會接續到別的話題。後來有一次我要去一個演唱會場地，上了 Uber 司機問：「要去表演嗎？」我懶得解釋了就回：「嗯，對啊。」然後就沒有然後了，之後再碰到這樣的陌生人，我都直接承認，發現他們都不會追問，也許是抱著不要打擾名人的心理？不管怎樣我的目的是達到了。

又或是我有朋友想找個地方洗頭，但碰到設計師一直推銷染燙，她就說：「我懷孕了，沒辦法做那些。」反正他們的緣分只會持續到這顆頭洗完，今生大概都不會有交集了，何苦進行一場話術攻防？

尤其在台北街頭我很常碰上那種「不好意思先生，可以打擾你幾分鐘的人」，我以前總會被攔下來又不好意思打斷他，聽他把話說完了解他們的意圖後又要想辦法拒絕，累死自己。後來我只要出門都會戴著耳機，但很多時候耳機是沒放音樂的（我很怕因為音樂的關係沒注意到周圍聲音發生意外，我就是這麼敏感又貪生怕死），只要他們一靠上來我就會加快腳步，同時指著耳機說：「不好意思我在開會」或指完耳機再雙手合十表示抱歉，就可以很自然地遠離他們。

再不然，你也可以試著發出一些聲音，但是不附和也不給予任何情緒價值，對方也可以立刻感受到你不想聊天的氣氛，乾淨利落，沒有人受傷。

31

不好意思，
可以跟你吵個架嗎？

──吵出彼此的底線、妥協和犧牲──

你理想的愛情關係是怎麼樣？

有次一位朋友很自豪地說他和男友交往了一年多，從來沒有吵過架。聽到時我挺驚訝的，因爲他們已經同居了，和對面鄰居都很有機會吵架，天天生活在一起怎麼能如此和平？我心中很是佩服這位朋友，覺得他的情商應該是天花板等級了。

在某個社交場合我偶然遇到這位朋友的男友，就隨口問了他：「聽說你和XXX從沒吵過架，你們超厲害。」他聽了尷尬地笑了，我眉頭一皺感覺事有蹊蹺，往下聊才知道，原來他們之間不是毫無波瀾，而是每次到了摩擦出現，即將爆發口角時，我那位朋友就會用各種方式逃離現場，力求腳底抹油開溜，然後再若無其事地假裝一切都沒發生。

他男友告訴我，他其實很希望能好好吵一架，把所有分歧都挑出來好好解決。其實，我很同意他男友的想法，從小到大我看過川爸川媽吵架太多次了，幾次川媽甚至問過我：「如果我們離婚了你要跟誰？」貼心的我總會說：「我要跟媽媽。」（因為媽媽錢賺得多），但他們依舊是牢牢地守住婚姻，而我看著他們越來越了解彼此，在生活中越來越有默契，他們也更清楚彼此的底線、妥協和犧牲。

再看看身旁那些感情穩定的朋友，他們都不是什麼和平主義者，相反可能還很常爭吵，所以**一段關係是否能夠長久，爭吵都不是關鍵，而是爭吵時能不能真正起到溝通的作用，兩人之間的分歧是否被解決**，如果能滿足到溝通和解決問題，那麼再多的爭吵或口角都很難殺死這段關係。

寫這篇的前幾天，朋友的男友開心地告訴我：「我們剛剛經歷了第一次吵架！」看來這段關係，正朝一個好的方向前進。

是時候讓父母失望了

──不要再求五星好評了！──

前陣子在網路上看到一個討論，大概內容是說一個從小到大都是「好孩子」的人，從沒讓爸媽擔心過，連上大學的科系也都聽從他們安排，但最後就職卻沒按照他們的意願，覺得自己讓爸媽失望了，心裡難受。我一方面心疼他難受，一方面又為他拍手叫好。

我知道很多人都會以「沒讓爸媽失望過」自豪，**但我不覺得因為不按照他們的期待是什麼壞事，你又不是什麼累積五星好評的 Uber 司機，求零負評幹嘛？**要能讓父母不「失望」太難了。拿催婚這件事來說，他們要你晚點戀愛，然後快點結婚，快點生小孩給他們，等到想離婚，他們告訴你婚姻不是兒戲，到底誰把婚姻當兒戲呢？

父母和孩子的關係就是「兩個人」生下一個「陌生人」，三個人都是獨立個體，即便是同一個屋簷下生活也是三個不同的主體，有不同的三觀，對於牙膏該從哪邊擠都可能有不同的看法。就算他們經歷過你的年紀，出發點是為你好，他們也沒辦法代替你過生活。

開始為自己做決定很好，不管那是不是符合 Daddy 或 Mommy 的期待（當然我們都很歡迎建議和討論），但你的往後餘生是你自己過的，他們再愛你也無法代替你上班、面對沒興趣的東西加班、在不喜歡的公司度過漫長的職涯；也沒辦法幫你愛另外一個人、犧牲自己養育孩子（大部分情況），所以當你確定了，不妨讓他們失望一次吧，不要再求五星好評了！

羞恥的肉毒桿菌

──沒有一種努力該被嘲笑，包括變美──

　　果然正如紫微斗數老師說的，今年我的身體常出現一些很莫名其妙的問題。某天，我突然覺得一邊側面下顎關節的地方很不對勁，異常痠痛，尤其咀嚼的時候更是不舒服，中午吃便當的狠勁都沒了，啃排骨像小雞吃米一樣很不痛快。後來看了醫生知道是顳顎關節炎，原來很多人都有這個問題，這種症狀尤其好發於個性容易緊張，生活壓

力大的現代人，順帶一提如果你有類似的問題要到醫院掛口腔外科，或找有口腔外科專科的牙科診所，不是每個牙醫都能處理這個問題。

經醫師診斷出這個問題後，醫生說爲了放鬆我緊繃的下顎肌，我可以選擇注射肉毒，而且注射後我的咀嚼肌會變小，所以臉會有變小的「副作用」。還有這等好事？當下我只能對不起我的血汗錢，爲了我的健康（和美麗）必須要犧牲你們了。於是，當天我就欣然接受治療了。

大概兩週後有人發現我的臉不太一樣，好像小了一點，我的第一反應想回：「沒有，可能最近減脂，瘦了。」突然，我爲了這股「羞恥感」感到羞恥。我以前的書裡曾經說過，整形沒什麼好可恥的，相反的還是一件值得驕傲的事，因爲都是「苦」過來的。**我不理解爲什麼大家對於一個人「自然地」好看會有這麼高的評價，因爲這不就是不勞而獲嗎？**

總之，也就是那一刻我才發現，儘管理智上我認爲這件事不可恥，但肌肉的記憶還是直白地反映出我成長的社會給我的影響。腦子裡面經過一場自我思辨之後，我告訴朋友：「沒有，其實我打肉毒了。」我反而沒有告訴他我是因爲顳顎關節發炎而打的，因爲我不想給人一種找藉口「我只是治病順便變漂亮，不是特意打的喔！」的感覺。說到底我還是在意別人的看法，不過，至少我又克服了一點醫美羞恥病。你記得，沒有一種努力應該被嘲笑，包括變美，而且做了效果好有什麼好不敢大方分享的？

發瘋時的自我修養

──先冷靜 10 秒，不被脾氣帶著走──

某日，我的 Podcast 節目錄音，搭檔 Cindy 在群組發一則訊息說她會晚到 15 分鐘，這是常有之事，當下並不以為意，畢竟她是日理萬機的老闆；我見過她每天的行程表，那個密度感覺像是不停踩著輪子向前跑的天竺鼠，再多塞幾項她就能夠「發電」了。

　　這次比平常更久了一點，等著等著小編下班了，我的便當吃完了（btw 那天吃的是泰式炒麵），開始感到有點不耐，腦袋中出現了很多不愉快的想法？她是不是還在高級餐廳和某人互敲紅酒杯？我要不要就直接回家反正遲到的人不是我？正當我感覺自己的怒氣正一點點高漲時，我想起在網路上看過的一個理論：因為生氣，人會做出很多讓自己後悔或不適當的行為或反應，這時最好的做法就是深呼吸，冷靜 10 秒左右再思考。

　　這麼做了之後，理智告訴我，以我認識的 Cindy 不是個隨便不守時的人，而且她對錄音的熱愛是不會偷懶的，這麼想之後我反而開始有點擔心她是不是發生什麼意外。過了一個多小時，她滿臉歉意地出現，解釋因為上一個行程耽誤了時間。我跟她說沒關係。那天我們還很有效率地錄了 3 集，結束後她還是很不好意思，我安慰她說沒關係，她忍不住問：「你脾氣真好，你都不會生氣嗎？」

　　我說我知道她一定是有事才延遲，我可以體諒，但沒跟她說的是，我稍早真氣死了，如果沒有冷靜 10 秒，差一點就會在她辦公桌上留一張「Cindy 是大笨蛋」的字條，然後氣噗噗回家。

　　我常被說脾氣好，但**我很常生氣，脾氣好和不生氣是兩回事，容不容易生氣這可能多少和 DNA 有關，我覺得我無能為力，但我能做的是練習不被它帶著走**，先冷靜，換個角度思考，這個氣可能就沒什麼好發了。

荷包縮小，身體好好

—— 「節省」生活的全新體悟？ ——

　　自從開始繳房貸之後，深切體會到由奢入儉難有多難，每個月能運用的錢很有感地減少，本來可以去全聯或家樂福不看標價，現在「i珍食」和「友善食光」成為我的好友，不只看標價還要比價，還沒發財就搶先體驗家道中落。

　　為了減少開支我做了很多努力，以前一個禮拜就想去電影院看一部電影，現在 Netflix 有什麼看什麼，且**把串流平台訂閱 5 個刪到 2 個（這是我最大讓步了！）；喝酒聚餐能推就推，能被請就被請（？）；盡量早睡，熟睡的人沒有欲望。**

　　生活方面，我也從許多地方發現了自己以前有許多魯莽的生活習慣。例如擦屁股不需抽到兩張衛生紙，只要折疊兩次以上，擦的時候先按壓再擦其實就可以大概乾淨了；以前總想著噴香水也可以美化周圍的空氣，所以一次都得噴好幾下。其實香水只要噴在人中就可以一整天都聞到香味，非常節省用量，周圍的空氣不需要我來美化！

　　這樣過了一陣子之後，我分別在我常去的中醫診所和腸胃科診所，受到兩位醫生的誇獎，說我的肝火變小，胃食道逆流情況有改善，看來是我有認真照顧身體。因此我可以大膽下一個結論，健康的方法很可能是變窮。你是不是也和以前的我一樣，手邊有點錢就活得太放肆了？試試看過一陣子「節省」的生活，你可能也會發現自己變健康了？

DAY

36

請支持中年人發瘋

——瘋得酣暢、瘋得其所——

　　有次聽同事聊起現在的年輕人都在「瘋」某個交友軟體，接著又聊到現在的小朋友們正在流行的東西，的確有很多我都沒聽過。但我心裡不禁有個疑問：「爲什麼大家這麼關心年輕人瘋什麼，有人關心中年人瘋什麼嗎？」

　　我打開 Google 試著搜尋一下，如果關鍵字用「年輕人」就會得到一大串的搜尋結果，什麼年輕人瘋平替、瘋盲盒、

瘋夜騎、瘋 Threads。但關鍵字一換成「中年人」得出最前面幾個結果都是精神疾病的那種瘋，或是一些出人命的社會案件。這個世界這麼不關心中年人嗎？

年輕人的瘋很快就消失了（大部分吧），但我們的瘋是冷靜且持續的。我們是有消費力的一群，有經濟基礎不必跟誰伸手要錢，衝得起週年慶、去得了小旅行、刷得了米其林；我們有生活品味（有部分吧），懂得欣賞設計師品牌小家電，願意為玄學買單，水晶、算命、風水只要能讓日子有希望，不管帳戶餘額，只問一次多少錢。

我們有需求，注重身心健康，健身房會員一年一年續、拚命囤保健食品、高級健檢定期做，外加身心靈課程和諮商，身為中年人的我們，有本事修補破破爛爛的身心。我們不停學習，做牛做馬還怕有一天連牛馬都做不成，下班還要買線上課程、投資，思考第二專長。

這樣想想，我們中年人瘋的事情也很多啊！**要說瘋誰能比被生活逼瘋的中年人還瘋？希望這個世界對中年人多一些關懷，多挖掘一些我們可以瘋的事情，讓我們想要發瘋的**時候，拿起手機還可以找到一些地方、事情，瘋得酣暢、瘋得其所。

DAY

37

「擺爛」的理性與感性

──活得輕鬆些又餓不死──

　　人生沒有永遠的百分之百,不可能每分每秒都踩油門,三分要努力,七分該擺爛(比例可以自行調整)才能活得輕鬆些又餓不死。

　　如前述,努力和擺爛都不可以百分之百,原因我的前3本書也說過不少了,有興趣可以去圖書館借來看看(多體貼,還不叫你買)。那麼具體要如何在兩者之間平衡?

我覺得可以往這三個方面去思考：

首先，你的每一天都是一個舞台，你的舞台規模（也就是有多少人看到）決定了你的擺爛程度。例如，你是一個重視打扮形象的人，但你不必天天琢磨你的 OOTD（Outfit of the day），今天是一個需要打扮的場合嗎？會有多少的潛在對象看到？我有必要在這個場合展現我的品味嗎？如果今天這個舞台小，那你的穿著就可以擺爛；你的工作只要做完就好，還是要呈到國外總部，也決定了你要爛幾分。

第二，擺爛也要表現盡力感：比如公司要你 9 點上班，那你就 8:55 到，展現了一種我盡力了，不要半小時前就到，顯得奴性太強，也不要壓線，顯得你連自己的生活都無法拿捏。

更多時候，**擺爛是武器和籌碼，這用在你正在和另一個人進行一種生活上或情感上的角力，如果太過於在乎就會落得事情總是掉在自己身上的陷阱**，比如家事、工作、關係之間的相處，該擺爛就要擺爛，讓另一方看到要爛我也可以爛，不要只想讓我一人扛下所有。如此看來，要拿捏住「擺爛」的分寸是不是理性與感性思考缺一不可？

沒有多巴胺，
如何續命？

——當個情緒穩定的大人——

　　我們有各種癮，像是奶茶癮、網購癮、健身癮、短影音癮，在我看到的一篇報導中說，因爲這些癮會刺激大腦分泌多巴胺，這種快樂物質會讓我們感到愉悅。這也是爲什麼心情不好的時候會想喝奶茶，拆快遞包裹的時候會特別快樂，看短影音裡的貓貓狗狗會讓人如此欲罷不能。

　　其實不只癮，我們還有各種「症」，代表了某種病態和偏執，像是什麼選擇困難症、拖延症，只要不影響生活到需要就醫的地步，我們都很樂於接受甚至喜歡「罹患」一些這種症狀。因爲這些病態化的行爲讓我們更合理地去發洩生活中的不愉快。

　　例如，你的選擇困難症常常用在要選哪間餐廳、去哪旅遊、喝哪瓶紅酒，很少聽到有人選擇困難症是發生在今天要提早半小時還是一小時進公司，或者報告要提前一天還是兩天交給老闆；拖延症「患者」通常拖的是工作、家事，很少聽到有人說：「天啊！這部劇好好看，但我下週再繼續看好了！」（無法接受劇就要結局時除外。）

　　我們都是奔著快樂去的，這是我們的本能，當生活這麼多破事的時候，我們不靠這些癮、症帶給我們的多巴胺，靠什麼當個情緒穩定的大人啊？蛤蟆先生嗎？

爲好友做的
被甩成本分析

──還有宇宙幫忙做了決定──

　　朋友 35 歲，和男友交往 3 年，對方個性好、有經濟基礎，如果和他結婚應該可過一個滿多人會嚮往且平穩的夫妻生活。但兩人其實聊不太來，個性、興趣都不太合，男友只想平平淡淡過日子，但朋友卻還有很多想要嘗試的事情，她還想去西藏，還不確定是否要永遠在男友的城市落腳。最後朋友被甩了，理由是不適合，也是，這個理由完全無法反駁。雖然活該，但她依舊難過，為了寬慰她，我用最近剛學的「機會成本」概念為她做了以下成本分析：

　　做決定時，不能只看得到什麼，更重要的是失去什麼，這就是「機會成本」。首先，被甩之後她失去的是未來生活的穩定感，以及必須重新適應單身，這是當下的成本。假設她真的和男友結婚了，那麼她就可能失去遇到「更適合的人」還有「探索世界」的可能性，而這是機會成本。兩個相較之下，我覺得機會成本似乎更大。

　　當然沒有人可以保證她任何可能性，包括能得到什麼，或會不會真的遇到更好的人。可是，被甩這件事還是讓她有了讓自己更幸福的機會，其實有點幸運，她省了這段思考過程，宇宙直接幫她做決定了。**我們在生活裡做的很多選擇，即便用機會成本考量，裡面還是帶了很多感性和每個人的心態和世界觀差異，只要你能為它們負責就沒有對錯。**分析完，我加碼送她一個月 Tinder 白金會員，希望她早日滑到西藏旅伴。

DAY

40

想得到讚美
就大方一點！

──請不要用貶低自己的方式──

　　不懂就問（對，這是一個妥妥的罵人起手式），你有沒有在社群上看過一種人，明明知道自己符合客觀上大家對於「好看」的標準，只要他們發自己的照片都能獲得不少讚美，可是他們偏偏喜歡用貶低自己的方式，好讓別人更用力地誇獎自己。

　　最常見的就是很瘦的女生或很壯的男生，說自己「好胖」、「最近吃太多了」、「肚子的肉好難瘦」。像最近看到一個男生，放自己 10 年前和現在的對比照，發文寫著「看看這 10 年我被生活摧殘成什麼樣子了～」再補上一些自己覺得胖的感言。但照片裡 10 年前的他骨瘦如柴的照片，對比現在完全符合時下審美的他，自信地看著鏡子，襯衫因為肌肉的關係呈現非常緊繃的狀態，迂迴地展示出他的健身習慣。

　　然後底下充斥的讚美之詞：「我覺得你現在更好看～」、「天啊，現在的你我可以！」、「男神太謙虛了」、「你這樣還胖那我們怎麼辦！」這些人如此迎合他這樣扭曲的虛榮就算了，甚至還先貶低自己來誇獎他，真的讓我氣到咀嚼肌發力，眼球上翻。**為什麼不能大大方方地展現你自己的好看呢？非要聲東擊西地貶低自己然後暴露出你真正想被看到的部位**，展現出一種我沒有要炫耀喔，是你們自己剛好注意到喔的感覺。

　　可是你這麼努力健身、變美、維持不值得被好好誇獎嗎？需要這樣拐彎抹角嗎？想得到讚美就直接點，我們也會大聲地讚美你，那種「我沒有要你們誇我，但你們快來誇我！」、「你好棒、讓我好自卑」的誇獎文化真的讓人太不舒服了……但也不排除只有我一個人這麼覺得……

是仇人，
就參加他的葬禮

——不用立刻報仇，只要活得夠久——

　　人生在世總有那麼一兩個無法忘懷的仇人。

　　很多人說對一個人最好的報復就是過得比他好，我也這麼相信，但最近我這個信念得到了昇華。我在社群上看到一個「網紅阿嬤」（帳號 grandma_droniak）的一支影片，內容是她參加「前」情敵的葬禮的打扮過程。

　　阿嬤的情敵叫 Bertha，生前一直想要勾引她的老公，雖然她們之間可能還存在著 beef（仇恨、過節），但死者為大，為了致意也為了讓 Bertha 上天堂繼續糾纏老公，阿嬤決定盛裝出席。

　　阿嬤給我們提供了一個很新的思路，有時候時間不一定能讓你的傷口復原，或讓傷口消失，它有時候根本不是解藥，只是麻藥，讓你暫時忘了那個恨對方的感情。但你永遠可以將這股情緒留著，當成你堅持下去的能量，活著的那一口氣。**當你恨一個人的時候，也許不必想著現在、立刻報仇，只要活得夠久，就能穿著最漂亮的衣服，參加他的畢業典禮。**

討厭上班，人之常情

——工作讓你感到冷漠？——

你很討厭上班對吧？我也很懂那種上班前一天憂鬱，想要拖著不睡覺，因為睡醒就要上班的感覺。其實你上起班來並不偷懶，其中更大的原因是工作讓你感到冷漠，**你好好工作卻沒有獎勵，你找不到努力上班的理由了。就像一個對你予取予求的另一半，就算一開始你對他有再大的熱情，最後終究會被消磨殆盡。**

所以，我認為當你對工作真的已經倦怠甚至討厭，但又無法不上班，那就給自己放一個假吧，一兩週、一個月都行。我的主管在公司工作了 10 年，他是個認真負責，也熱愛他的工作，但做了 10 年怎樣都會有些疲乏。於是他請了 3 個月的假，當然這是他和公司協商，也願意放棄這段時間的薪水談來的結果。這 3 個月他盡情陪伴家人、到處散心、看球賽、看演唱會。回來之後整個人真的好了很多。

又或是，你好好經營你的下班後生活、培養第二興趣。我相信很多人都很想念那個專心與自己相處，不是為了賺錢而投入一項工作的感覺，我認為所謂的工作生活平衡並不是你休息和工時一樣長，下班時完全切割工作，而是你在公司以外的時間你是不是還有所熱愛，還有你想要投資時間的事情。討厭上班，不是絕症，有時你需要的只是多休息，多喝熱水（？）。

☀

DAY

43

能哭是一種
令人羨慕的能力

──**自己的情緒擺第一好嗎？**──

你有多久沒哭了？我一直是個淚腺很乾的人，乾到我有時懷疑自己的淚腺是不是萎縮了，可是我一直很羨慕可以用哭來發洩情緒的人，曾經哭過的我覺得那是最爽的發洩方式。

我一直在尋找讓自己哭的方式，不明白為什麼有人可以因為累就哭了，因為電視劇或電影的情節就落淚。直到最近在寫書時，可能在整理故事和思緒打開了某些開關，也可能因為年紀到了而常常多愁善感。我在某個晚上跟自己的稿子鬧脾氣不想寫時，隨便打開了一部古裝偶像劇，因為沒什麼營養的愛情情節竟然哭了。

我想起以前訪問過一個女演員，她說她看電影哭的時候會立刻衝去照鏡子，把自己流淚的樣子記下來。當時我也照做了，看著鏡中流淚的自己，覺得好醜，眼歪嘴斜的一點都沒有美感。但那時的我很感動，像《慾望城市》裡找回性高潮的莎曼珊，我也很感動自己沒有丟失這個本能。

我們被教育成不要哭的大人，因為哭不能解決問題，但很多時候，我們哭就不是為了解決問題啊！哭是因為我的情緒第一，事情其次好嗎？所以即便**哭泣也要找個安全的地方躲起來哭，像貓咪上大號一樣。但哭泣不是一件羞恥的事情，它代表我們還沒有被生活馴化成冷漠的大人，提醒我們還有感情**，還可以心痛、激昂、笑哭、累哭，為了這個世界的美好、醜陋掬一把眼淚，發洩完糟心的事，心裡舒爽乾淨。

PART

3

今日宜放下

——提得起是強者，放得下是勇者——

我們每一天都在為了不同的事猶豫、兩難、後悔、遺憾，要不要喝奶茶，暈船了想下船又不甘心，做了不知道是否正確的決定，「放下」兩個字聽起來輕鬆，但其實很不容易，必須有股狠勁才能打開心中的糾結。但我們的力氣會隨著歲月消逝，練習放得下是我們必備技能。

☀

DAY

44

別演了，
要花錢就乾脆一點

—「想要」還是「需要」？—

　　當你驚覺自己該理財時應該常常聽到有人告訴你，當購物慾來的時候你要思考當下想買的東西是「想要」還是「需要」。

　　我也曾經試圖想要以此來收斂我的物欲。我很愛買手機殼，但小時候我總是告訴自己，手機殼一個就夠了，必須用到破破爛爛才可以。但到現在賺的錢稍微多了一點，我的底線往後退了，「我可以買一個很貴的，用久一點」，然後我的手機殼預算從 3、5 百上升到千元；然後，我又覺得手機這種天天拿在手上的東西，很自然地它是一個飾品吧？天天戴一樣的裝飾品很無聊啊，於是一支手機在陪伴我的時間會不斷地增生出新「衣服」，它的 OOTD 也會跟著我一起改變和搭配。

　　難道過程我沒有問過自己，手機殼是「想要」還是「需要」嗎？有，每一個手機殼我都問了自己好幾十遍，腦子裡那個理性且純樸的慧川主張：「一個殼就夠了，你不需要第二個！」但感性且口袋裡有錢的慧川反駁：「手機需要不同的衣服裝扮，它會帶給主人好心情，有了好心情工作會更認眞、生活更美好！」而這類的辯論總是感性的慧川獲勝。後來我理解了，**人都這樣的，當你有點錢，沒有強烈目標、生活還沒把你壓得喘不過氣時，「想要」和「需要」的思辨根本是白費腦汁。**我建議乾脆別想了，想辦法多賺點，不然要問自己遠大一點的問題，像是「這個錢等我老了可以用來付一小時的看護費啊！」

正確詢問「你還好嗎？」的方式

──當別人不好的時候──

`

　　寫書的前陣子我媽媽身體出了一點狀況，滿大的狀況，需要大手術以及一段時間治療（她現在很好了，謝謝心裡揪一下的你），那時不少人見面時或會發訊息問我：「你還好嗎？」雖然你會感謝這些人的關心，但情緒是很矛盾的，因為不管狀況好壞告訴旁人無濟於事，而就算你的心情很糟，你也會因為不好意思把不好的情緒帶給別人，只好說「我很好」、「我還好」，其實你的心情一點都不好，同時又被這個問題搞得嘴巴吞吞吐吐，心情上上下下。

　　如果你有朋友正在經歷讓他心情不好的事情，比較好的做法可能是不要用那種情緒很滿的方式粗暴地安慰。這時的他需要的可能是能讓他轉移注意力或是有個人能和他冷靜地聊這件事。所以你可以問他狀況，目前處理的狀況如何，有沒有需要幫忙的地方，最後再告訴他「辛苦了」這樣的話。最近有個朋友失去了很親的親人，我試過，冷靜地聊天似乎真的比激情的安慰更讓人舒服和有效。

DAY

46

看標價的樂趣

——平凡人心安理得的樸實無華——

　　某次和朋友聊天，說最近認識一個很有錢的人，我問大概是怎麼樣程度的有錢，他說大概是在精品店購物不必看標價的程度。作為一個可以在全聯購物不看標價的都市男子我也開始想，如果有一天我也可以在精品店不看標價地隨便指，然後把點到的東西打包帶走，有 3 秒的時間我經歷了肚子裡有蝴蝶飛舞的那種興奮情緒，但仔細想想，那是不是又少了一點樂趣？

　　現在的我每隔一段時間會設定一個目標，把想買的東西放在一個時間節點，例如發薪日、一個季度結束、領年終或是寫完這本書時，這些有多餘進帳或達成某個目標時的獎賞，為自己無限重複的日常裡加一點變數；這時**就算買的東西有點貴，但那個愉悅感會因為延遲了享樂而被放大，而且因為過程的等待和付出的勞力，你會感覺自己值得一個這麼好的東西，買得用得心安理得。**

　　如果今天我有錢到可以輕易地買下一個 10 萬的包包、高級地段的公寓，當下應該還是爽，但那個爽感應該也很快就會退去，已經擁有一切的人還要努力什麼，如果已經不需要努力，他們的日常都在做什麼？

　　不過因為不在那個世界，我也無法想出什麼答案，但作為一個平凡人，我想還是挺有樂趣的，我們為了一個包包、一間房子、一台車、一個人的笑容努力，都在為了那個「我值得」的時刻拚命，平凡人的樂趣就是樸實無華啊。

感謝愛情的在天之靈

──落實轉念的力量──

曾經愛得有多深，記憶就有多深刻難忘。這也是許多人走不出來的原因，思前想後、反覆思量愛情為何夭折的如此地快、或如此猝不及防。可怕的是當他離開你的生活後，他的影子卻時常出現在你的日常裡，那個你們常常駐足的鹽酥雞攤、逛街看到他用的洗髮精牌子、連掉在肉羹裡的頭髮髮色都跟他那麼像。

多年前我曾寫過轉念的力量，加上我最近常看一些心靈類的書籍，開始體會到感恩的力量。基本上就是時時存著感恩的心，除了能撫慰你的心靈，還能提升你的磁場，玄學的部分我就不深談了，但它確實有助於落實轉念。試著感謝他的出現，他給你帶來的那些好的記憶，那些你驚喜發現陌生的自己的瞬間，例如你在認識他之前不知道原來自己可以照顧人，不知道自己食量可以超過兩人份，又或是自己原來可以笑得這麼開心。

又或是當你懈怠不想運動、當你自暴自棄想對人生擺爛、當你覺得不夠自信時，他提醒了你愛情死去的原因；**因為他的緣故，你認識了什麼酒是好酒、拍照膝蓋要蹲低、或是世上有個不錯的作家郝慧川**，他走了，也許他在冥冥之中（？）還繼續影響著你做出好的決定。也許正因為這樣，你可以對逝去的愛情少點遺憾和怨恨，多一些感激之情。

48

剩餘理論

──千萬不要覺得自己「壞了」──

不知道你有沒有這種經驗，千辛萬苦地跑到了一個
Ubike 站，看到一台腳踏車心裡滿是感激：「太好了還剩
一台，lucky me ！」結果一看，坐墊壞了。還有某天下班
特別累，心中想著如果等等能有個座位讓我倒頭就睡就太
好了，衝上捷運後立刻發現有個座位空著，而且還沒人要
坐，我立馬快步向前，就在我骨盆快要降落在椅子上時，
我看到座位濕濕一片還有一塊肉羹，這才不是什麼幸運，
是有人打翻了晚餐。

　　有天和朋友聊到我們這些大齡剩男剩女這麼優秀，怎
麼還單身呢？我就想到了這些剩著的交通座椅，生活中還
有許多這樣的例子，那些明明在好地段卻遲遲賣不出的房
子，特價了還賣不掉的名貴水果都是，也許問題不在市場、
不在別人，問題出在我們自己。可能我們哪個地方壞了，
或是哪個特點特別不受歡迎，導致我們的競爭力下跌。我
們也許不愛出門也不愛社交，**或是我們太過「自愛」，無法為
了另外一個人委屈自己，一點都不行，在許多人眼裡我們這
些戀愛市場的怪胎或瑕疵品就這麼剩下來了。**但千萬不要因
此覺得自己真的「壞了」，也許在別人的眼裡我們都是不
良的腳踏車或髒了的椅子，但站在腳踏車或者座位的立場
想想，也許我們根本不想感受別人屁股的溫度啊。

你有負面情緒嗎？
恭喜你

——開始迎接你的美好生活——

　　你現在正在經歷低潮嗎？負面情緒滿點嗎？對這個世界有很多不滿嗎？那我要告訴你，你現在正處在一個創造力高峰。

　　記得我開始寫粉專廢文、出書的時候，我正窩在一個頂加的公寓裡，對工作不滿、愛情不順、錢不夠用，我有很多牢騷想要發洩，所以漫不經心地開了一個社群粉專，把它當作負面情緒的出口，沒想到這個倒垃圾的過程為我帶來很多正面的回饋，包括讀者粉絲們的愛，出書機會，之後我也換了工作，生活改善了很多。

　　生活一下平順了很多，為錢煩惱的時候變少了，37 歲買了房子，雖然離台北市遠但我用盡力氣把它打造成我喜歡的樣子，我窩著舒服的地方。就在這時我遇到了瓶頸，有好一段時間發現自己寫不出東西，沒有東西好抱怨了，站在窗邊，一手搖晃著紅酒杯，看著窗外的綠意，想著，原來要扼殺一個人的創意就是給他美好的生活？

　　當然，我還是找了許多方法讓自己慢慢回到先前的狀態，開始寫字。但我發現，許多創作者能量最豐沛的時候都是生活不太舒服的階段，那種不舒服的狀態刺激著他們想去改變、去抒發、去轉換成另一種能量。我希望**如果你也正在經歷著這種不舒服，試著去察覺它，去找到出口；也許是學一個新的事物、去寫字、去創作**，生活也許就會用另一種方式給你回應，等到那些不舒服消失了，你也能搖晃著紅酒杯，靜靜懷念著那個滿腔牢騷的自己。

☀

DAY

──────

50

求之不可得，
因為你還不配

──擁有也需要有實力？──

不知道你有沒有曾經很想要買一個超出你能夠負荷，或者應該說你配不上的物品。年輕時我曾經很想要一個名牌的包包，沒錯，男生也會對包包有欲望的。那時候我攢了好幾個月的薪水，左思右考，最後很興奮地心一橫把它買回家。擁有它的那些日子真是開心極了，把它供在家裡很顯眼的地方，只要出門就想背著它。

不過問題來了，我發覺衣櫃裡的衣服都配不上這個包，放在一起都有一種違和感，包包的皮質似乎應該搭配更好材質的衣服，這樣的包包可以和我一起在外面在風雨中奔波嗎？背上這個包包的時候我怎麼還得小心翼翼，像牽著清宮娘娘的太監一樣卑微？結果每次出門，我自己的感覺都是那個包包獨自美麗，我一人窩囊。後來，我把它轉手賣了，讓它去另一個更適合它的人家。之後，我選擇質感不差 CP 值更好的、更實用的包包來陪伴我那段打拚的年輕時光。

我們都有曾經熱烈追求某樣東西的時候，但忘了**就算勉強擁有了自己卻沒有辦法去支持你和它的未來，要知道擁有一個「福分」也是得需要實力的。**當你還無法很有餘裕地擁有一種生活條件，很自在、不卑不亢地和男神女神相處（好比一個在精品專櫃裡受大家注目的包包），強求你們之間的緣分只會讓自己的處境變得困窘，當機會還不屬於你時，就算了吧，先放下這個念頭，直到你配得上它們為止。

暈船仔自救思維

──拜託！不要六親不認、理智丟馬桶──

　　來，這題說了很多遍了，這是我講最後一遍了，以後如果再寫這題我就退出文壇，改去歌壇發光。一般來說，暈船仔總是會喜歡在對方各種行為裡尋找他喜歡你的證據，什麼睡前晚安、可愛迷因、徹夜聊天等各種你覺得別人很難懂，只有你們倆才懂的私密時刻。

　　當你警覺自己好像在戀愛這條船上獨自暈船，對方卻像

吞了一包暈車藥般雙眼炯炯有神，一點事都沒有，你就會開始為自己蠢哭，但又捨不得揍自己，想求助外界力量，要朋友罵醒你、賞你兩巴掌，或是把注意力放在對方令人倒胃的地方。但沒用的，暈船會讓你六親不認，理智丟馬桶。

　　人活著除了靠戶頭，剩下就是心態了。你唯一能做的只有改變自己的心態。**不管他做了多少讓你暈船的舉動，他沒鬆口說喜歡就是沒喜歡，說了喜歡沒行動那也是沒喜歡。**人類就是這樣，很容易因一時的荷爾蒙滿出而做出一些表演性的動作，例如，「啊，今天好適合買一杯咖啡給他。」然後你桌上出現了一杯咖啡。或是他昨天看了一部電影，情感需要宣洩於是寫了一封文情並茂的訊息給你，情感氾濫的瞬間是會讓人有表演慾的，不然你以為半夜的社群上怎麼有那麼多詩人，全都在表演感情。

　　而這些一瞬間的感情都在宣洩完之後就沒了，也可以說是一種射後聖人模式。你可能會覺得錯愕，「什麼，你做了這麼多爆擊我內心的事，結果沒有喜歡我嗎？」對，這些看似喜歡的表現其實只是一時感性，如果他的行為有一搭沒一搭，有時對你心臟爆擊，有時讓你一頭霧水，沒有持久度，也看不到想要和你確定的意圖，那都算不了喜歡，都這樣了還選擇要暈，那也是一件很酷（？）的事。

☀

DAY

——————

52

婚姻只是利益交換？

——有感情也有算計，要計較也要讓利——

　　某次和一個已婚朋友 A 及另一個未婚的朋友 B 吃飯，A 說了「婚姻，不過是一場利益交換」，B 聽了反應很大，「你怎麼把婚姻說成這樣，難道不是因為愛才結合嗎？」

　　雖然我未婚但我同意 A，也覺得 B 沒錯。這世界所有人之間的交流本來都是利益交換，交換的東西不同罷了。仔細想想那些「無條件」對你好的人真的無條件嗎？他們對你好，因為對你好他們可以得到快樂，這也是利益交換。婚姻呢？婚姻是要兩個人一起過日子的，有經歷過任何同居生活的人就知道，再好的朋友到了住到一個屋簷下勢必都要面對分配家事、平分帳單之類這種一點都不浪漫也不性感的事情。

　　婚姻比較難的是，兩人要從本來浪漫和性感，轉換成一起面對世俗破事，一切的浪漫主義變成實用主義，彼此算計「昨天我洗碗，今天是不是該換你？」、「上週才回過娘家，這週又回？我都多久沒回我爸媽家了。」兩人比較誰付出比較多，計算著感情的盈虧，同時又想要在這段關係得到什麼，一個安定的生活、降低生活成本、製造後代等等。

　　要這麼說婚姻真的很不浪漫，不過這個利益交換的基礎不也是建立在感情之上嗎？也是因為你對這個人有一定程度的愛才願意和他簽一個這麼現實的契約嗎？至少你不是在 104 人力銀行徵來的另一半吧？有感情也有算計，要計較也要讓利，這也是婚姻好玩又不好玩的地方吧？

53

今天該不該喝奶茶？

──該不該立刻滿足的自我思辨──

某一天下午，我突然很想喝一杯珍珠奶茶，於是我在上班時間進入了一場自我思辨的過程：

首先，當時的我正在處理一個很累人的報告，我的食道、胃都需要奶茶的撫慰，以及奶精和糖帶給我的多巴胺。可是要知道，一杯珍奶的熱量約 400 大卡，就算半糖也有 300 大卡。要消耗掉這些熱量我要持續慢跑或游泳 1 小時才行，下班都累死了，誰有空？最後只能抱著珍奶的熱量一起走向毀滅之路，我說外表方面。

再來，一杯奶茶要價將近 100，喝了這杯代表我今天吃飯的預算勢必要縮減，今天這麼累原本想要下班吃一個小火鍋，因為這杯奶茶我勢必要降級消費，從錢都改成三媽臭臭鍋，我要貪圖眼前一時的快感，換取今晚的享受嗎？

以划算程度來說，火鍋肯定是贏過奶茶許多，奶茶無法果腹還會留下脂肪，火鍋是一頓正餐，能帶給我好幾個小時的飽足感。這時，我在辦公室的奶茶夥伴發了訊息給我：「奶茶？」這一刻我清醒了，現在辛苦工作的我，下班要填飽肚子的我，兩個都需要被滿足啊！現在的我就是需要奶精和珍珠的續命，才有力氣把這份報告做完不是嗎？今天透支就透支吧，我並不會因為一杯奶茶而流落街頭啊，於是最終我還是買了奶茶，開心地享受這杯人類最偉大的發明。

生活很辛苦，但能夠為自己做決定是很幸福的，哪怕只是一杯珍奶，一份臭臭鍋。

54

你做的選擇
都是對的

——真的有「對錯」的正確答案嗎？——

「我這麼選擇是對的嗎？」其實不喜歡別人問我這樣的問題，因為已經做了的選擇事後檢討一點意義都沒有。已經做了的選擇可以這麼看，這個選擇可能是你當下能夠做的最好選擇，又或者是你在眾多選擇中的一個決定，但不知道它會帶你去什麼地方。

我很喜歡影集《東京摩登情愛》其中一篇故事：有個工作忙碌但對餵母奶很執著的年輕媽媽麻里，她深信母奶對孩子健康最好，甚至有點怪罪母親當年因為沒餵她母奶，導致她有過敏問題。所以不管多忙她都堅持天天擠奶──會議空檔、飛機上……只要時間到了就擠，但偏偏她的奶量不足，孩子常常因此吃不飽，這讓她很焦慮，也搞到她與伴侶和幫忙帶孩子的母親之間關係緊張。

終於，在一次出差中，她辛苦擠的母奶因行李遺失全部報銷，卻在回家看見母親用了她最反對的配方奶餵孫，她崩潰大哭，但不是因為母親用了配方奶，而是帶著理解、抱歉和釋然流下的淚水。

很多時候我們都像麻里一樣，困在「對錯」的選擇裡。其實選擇配方奶也許是最適合麻里的情況，但你能說她選擇餵母奶是錯的嗎？因為這個選擇，她和母親有了深度交流、有了和解，兩者看起來都是正確答案。

這就是生活，生活有很大一部分是失控的，沒有觸法誰又能說什麼對錯？你想在火鍋裡加芋頭、咖哩跟飯攪在一起吃，都是 OK 的。

你說 1+1=5
也是對的

——遠離爭吵，你開心就好——

　　某次聽朋友抱怨公司同事已經到職一年多，但連很基本的工作都做得零零落落，因為和他曾經在同一個產業，所以很能體會他的感覺，也覺得他描述的事件很誇張，後來他問在座的人：「正常人會這樣嗎？」

　　正常人？我突然覺得這世界有所謂的正常人嗎？所謂的正常人是不是我們所謂的同溫層？光是在公司或學校就可以看到，同樣標準錄取進來的人，10 個人可能就有 8 個不一樣的觀點。這些分歧沒有衝突時好笑，有衝突時我就會無法理解地覺得對方不正常。事實上，這種「不正常」才是正常。我們能做的只能在必要時在我們的相異處找出可以相互妥協的地方。

　　例如，我覺得同事在辦公位置上剪腳趾甲很不正常（腳趾甲亂飛更不正常），但我們可以聊聊，看看對方是不是可以把腳趾甲全都拔掉（開玩笑的，當時我是找個理由請公司幫我換位置了）。很多事情沒必要就不須和對方爭論。

　　之前基努李維說過一段話，被瘋狂轉傳做成迷因，他說：「我現在處於一個遠離爭吵的人生階段，如果你說 1+1=5 也是對的，你開心就好。」對於我們覺得不正常的人，請接受他的「不正常」，並想辦法以最低限度的方式和他共處，必要時就尋求上司、同事幫助，不要一個人扛下，我們都知道和同溫層以外的人溝通或合作有多困難。再說一次，心態是一切。

別說你不懂，
說「我也在關注」

—— 成為一個博學的大人？ ——

　　每一個談著成年人話題的場合都有一個聽不懂的人，隨著我們離開學校，我們接觸的不再只有學校科目，我們開始面對一個更廣大的世界，一個包含量子物理、經濟學、社會學、政治學的世界——可能是你和另一個人之間的量子糾纏、該不該結婚的經濟考量、辦公室裡的政治角力，甚至是 MBTI、上升星座到居家風水之類的玄學範疇……一個人要養活自己都夠累了，哪有時間能時時刻刻充實自己，成為一個博學的大人？

　　但我們也免不了會身處在必須聊這些話題的時候，無知有時候很可愛，但有時卻又會招來訕笑，如果不想要直接被貼上「無知」、「對世界不關心」的標籤，建議你可以用「我也在關注」取代「我不知道」、「沒聽說過」。

　　如果你表示自己也在關注只是懂得不多，那麼代表你對這件事有興趣，就算你知道得不多，對方也會覺得和你說不算浪費時間，自然不會把你排擠出聊天的圈圈裡。例如，「我最近也有關注股市過熱的現象，不過具體原因是什麼你們知道嗎？」、「我也有聽過上升星座，但那和太陽什麼的差別是啥啊？」

　　這種假裝不一定是為了迎合討好，而是你在一個必須聊天的場合時不能一直把天聊死，變成話題劊子手或者一個安靜的人形立牌，偶爾插個兩句話、問個幾句再把問題拋回去給大家，刷個存在感，結束後又是好漢一條。

DAY

57

「吵架」，不進則退

── 世上有「和好」但沒有「如初」──

　　有個朋友最近和交往兩年的另一半大吵了，說是交往以來最大的一次吵架，他覺得這次沒意外應該就是分手了，我說爲什麼，他說這次的吵架揭開了他們長久以來相處的問題，有人一直在忍，而有人依然故我。我們都做了他們已經分手的準備，沒料到幾天後他在群組喜滋滋地說他們和好了。給我們看了他們「溝通」的一串截圖，難怪溝通需要橋樑，實在是太長了。

　　同一時間也有一對愛侶吵架，這一對同樣也交往了很久，同樣也因爲個性和觀念的不同在某一個導火線下爆發了，一個人覺得受不了自己永遠被擺在第二位，另一個覺得無法改變這個事實，且覺得自己太厭倦這樣的爭吵，於是就這樣不開心地分開了。

　　吵架很有趣，會帶出一個人平時深藏的一面，也會讓關係的問題更具體地浮現，一旦吵架了，兩人的關係一定會產生化學變化。但對第一組情侶來說，兩人因爲吵架更認識彼此了，也因爲那個爲了這段關係願意改變自己的人而感動，吵完之後更相愛了；而第二組的吵架則像是揭開了結痂的傷疤、感染、發炎然後惡化。

　　所以，我一直覺得世上有「和好」但沒有「如初」，你和他之間的關係只會變得更好或者更壞，沒有修復意圖的爆炸只是單純的破壞。希望你的吵架，都能邁向比「如初」更好的目標。

人與人，
最怕突如其來的安靜

──離開是醞釀已久的散場──

　　有一陣子「安靜離職」這個詞很紅，說的是因為對現在的公司或工作不再有熱情，對工作也不再有追求，而是只完成工作的最低需求，不多也不少，同一時間他們也開始騎驢找馬，物色著下一份工作。我和我的 Podcast 節目搭檔也在節目上聊了一集，當時這個題目滿觸動我的。那種眼裡已經失去光芒，心裡的火已經成為一團死灰，進而演變成單方面宣布離開的狀態，這不只是專屬於職場的現象，而是一種生活裡看似無害但攻擊性猛烈的「無聲撤退」。

　　有句話說：「真正想走的人，關門聲最小。」我們可能都曾經把自己從一個人的生活中抽離過，一個人的熱情如果只有消耗，終究會有耗盡的一天。我也曾經對一個人不離不棄的，只要他一聲叫喚我就出現，陪他一起打發無聊，對他嘮叨跟他吵架。**但當你發現自己的存在被視為理所當然，你的貼心被視為打擾，這份關係跟你的職場一樣再也沒有前進空間，自然地那些熱情就被日積月累的失望和疲累磨損到一點不剩。**

　　心死也好、滅火也可以，這些都是一瞬間的事，但在這一瞬前是一次又一次的失望。如果說「世間上所有的相遇，都是久別重逢」，那離開也是醞釀已久的散場。所以，在一個人還願意和你吵鬧時好好和他說話，突然回神過來警覺到了安靜，通常都太晚了。

沒有錯過的人，只有路人

——當下擁有的就是最好的——

　　活到這一（小）把年紀多多少少都曾經有過遺憾，甚至有些遺憾到現在都跨不過去。小時候我曾經很想要一份工作，因為那個公司的主管是一個業界很有名的人物，當時的我相當嚮往能和他一起工作，想著如果可以站在巨人的肩膀上一定對自己的職涯很有幫助。但很可惜到最後一關，對方覺得我和他們想要的人有一段落差，本來生米就要煮成熟飯，終就是錯過了。那件事放在我的心中很久，一直覺得很可惜沒能進入那間公司，見識那位大老的風采。

　　幾年後，我認識了曾經在那間公司待過，還是那位大老屬下的人。我興奮地問：「和他工作的感覺怎麼樣？是不是學到、看到很多？」那位朋友一臉心有餘悸描述那段時光，說那老闆根本是瘋子，除了整個團隊讓他感覺像邪教，他還會對員工 PUA，輕易聽信員工傳話把公司氣氛搞得烏煙瘴氣。逃出來的他直說我很幸運，和川普一樣躲過一顆子彈。

　　愛情也一樣，我們總會將那些沒能有結果的人心存遺憾（或怨恨／不甘）美化成錯過的真愛。但拿掉濾鏡，那些就是我們自己加油添醋的劇情而已。為了自己的心理健康，我永遠相信當下擁有的就是最好的，那些過去的東西，只是生活不斷向前推進必然產生的「路過」（的人），不是「錯過」（的人）。

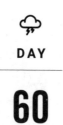

DAY

60

$$0.5+0.5=1$$

──爲什麼要找另一個人？──

總是可以在已婚朋友身上學到很多。有天和一位結婚幾年的朋友聊天，聊到我怎麼還單身的問題，我很自信地表示一個人過得很好啊，很自由、可以一個人在家自由的裸體放屁、吃喝玩樂都不用考慮另一個人、隨時隨地可以說走就走去旅行、情緒只要顧自己的就好了，不會被另一個人影響等等，然後說到「如果在一起沒有 1+1 大於 2 的效果，那為什麼要找另一個人？」

朋友聽了表示同意，但也提出了另一個看法，他覺得不管結婚或交往也好（他從大學就和另一半交往到結婚）應該是 0.5+0.5=1，兩個個性、成長背景、星座血型、MBTI 都**不相同的人在一起很難能夠百分之百相合，很多時候必須拿掉自己一部分的個性，懂得付出和包容，這才是關係能夠長久的途徑**，如果兩個人都只肯做自己，沒有一方願意退讓、適應，關係很難昇華到另一個層次。

聽完朋友的見解後，我好像可以理解婚姻以及愛情長跑的困難了，也突然意識到這也許是自己單身這麼久的原因了（？），也許一個人真的可以活得很爽，但有另一個人，工作受了委屈回家有人訴苦、開車時副駕有人、一起在超市討論吃什麼，一個人精彩，兩個人也很熱鬧，都挺好的。

把「苦衷」留給自己

——你不是明星，沒有人喜歡聽你訴苦——

　　以前我還是採訪編輯的時候，時常需要做名人訪問，那時最喜歡問的問題就是挖掘他們在某段時間的「苦」，可能是製作某個作品的過程、某段沒沒無聞甚至是醜聞纏身時的原因、感受等等。像是「你身材變得這麼好，是不是鍛鍊或保持得很辛苦啊？」、「你製作專輯累不累啊？」說得越苦越好，讀者越愛看。我發現，大家對於名人和明星經歷的苦很有興趣，有種「在他們光鮮亮麗的背後，原來也有和我們很像的時候啊！」

　　相同的狀況放到你我這樣的普通人身上可能就不是這麼一回事了，尤其在工作的場合。當你犯錯時，你的同事和上司大概不在乎你為什麼睡過頭、達不到業績是不是你最近有心事，禮貌性地關心可能只是為了質問你為什麼沒把事情做好，他們真正想聽的是你接下來要怎麼補救錯誤。對，你不是明星，沒有人喜歡聽你訴苦。

　　生活中有各種場合，每種場合有自己的目的，職場的目的是把事情做完、做好；**社交場合是為了快樂、互相獲取情緒價值，一直倒苦水，大家只好對你進行專訪，太辛苦了。**我們都有苦，只是很多苦旁人不需要知道，能承受這些苦的人可能非常有限，可能是為數不多的親近朋友，可能是 1 小時 2 千多塊的心理諮商師，但絕對不會是每一個問「你好嗎？」、「你怎麼搞砸了？」的人。

☼

DAY

62

有種可憐叫
「別人覺得你可憐」

──人的悲喜果然不相通──

　　不知道你有沒有這種感覺，很多時候就算你不覺得自己慘，旁人也會替你覺得哭慘。譬如一個人出國、一個人吃飯、一個人看電影，就會有旁人在一邊替你惋惜。曾經有朋友在餐廳看著一位獨自吃飯的人感慨地說：「一個人吃飯真的好孤單喔。」我在一旁感覺十分被（這種憐憫）冒犯，因為在下就很常一個人吃飯，他根本不知道下班後一個人安靜吃飯的感覺有多舒服！

　　對於一個一隻腳踏在 40 歲門檻的單身男子，我，就經常接收到這樣的「憐憫」。這就要說到我和父親間的狀況，我們的關係本就不是那麼親近，只能說是如「情同父子」那樣的一般，因為他的陰陽怪氣還變得更加一般。

　　儘管我生活看起來過得還可以，但在他的眼裡就好像套了黑白濾鏡，我的日常生活就是一部悲傷的紀錄片。他會說「唉，真可憐，房子這麼大就一個人住」、「冰箱這麼大都放不滿，真慘！」、「賺錢有什麼用，又沒人一起花」、「一天到晚去健身房，就是一個人太閒了」……然而一個人享用 3 個房間、錢自己花、冰箱只放自己愛吃的東西的爽感他卻一點都沒看見，在他的眼中單身的人沒有一個人是快樂的，他們一定都在漂亮的房子搖著紅酒杯悲傷、在名車裡後悔、看著銀行戶頭的好幾位數字泣不成聲……

　　雖然我沒有住在豪宅名車裡，存款也不驚人，但我覺得自己確實過得還不錯。對於戴著有色眼鏡看我生活的人，我真的也無法一一解釋，也無法說服爸媽我其實一點都不悲傷。人的悲喜果然不相通，不管是旁人還是父母，也終究是「他人」。

DAY

63

「你其實沒那麼
喜歡獨旅吧？」

──享受獨旅的心靈刺激──

這一兩年，沒意外我都會幫自己安排自己出國旅行的行程，自己一個人玩的好處大家應該很容易想像：不必配合別人，只去自己想去的地方，時間也可以自由拿捏；更多時候其實是一種心靈上的刺激，自己做決定，克服像是拍照、吃飯、找路等等的困難。這些好處對某些人來說可能恰恰好是他們不想獨旅的原因。但我倒是滿享受這樣的過程。

但有天某個朋友卻問我：「你其實沒這麼喜歡自己旅行吧？」我好奇他為什麼會這麼覺得，他說：「我跟你一起旅遊過啊，感覺你有伴還是比較開心。」好像沒錯，有人一起旅行的好處也很多，住宿費有人一起分擔，運氣好的話他可以幫你拍照（真的要看運氣，很多人的拍照技術還不如自己架腳架），有些事情有人可以跟你分工，當下碰到的快樂可以立刻有人分享。想想的確如果與一個好咖一起旅行，那一定是比獨旅快樂啊。

不過這就是生活啊，就算知道 2、3 個人旅行更方便愉快，但我不可能因為找不到伴就放棄旅行啊，我還是需要前行、需要旅行的養分，所以**就算一個人，我也要好好享受這段旅程，去迷路、去消化旅途各種事件帶來的恐懼，體驗抵達的美好和回程的滿足。**

DAY

64

不被定義的 Almost 40 歲

——能定義我的數字只有體檢報告和存款——

眼看就要踏入 40 歲了，可能要感謝我多年來的努力運動、每一年固定做的醫美療程，最近很常碰到：「哇，看不出來你快 40 歲了」的評語。很多人聽到這樣的話都會很開心，我也很開心，但開心之餘心裡還是有點奇怪的感覺。

我試著品嚐那個感覺，好像混了一點不甘心、一點無奈、一點想逃避的情緒。不甘心自己真的就要 40 但好像還有很多不足的地方；無奈這就是時間，也不問我的同意一下就把我快轉到這個年紀；更想逃避正式邁入中年大叔的事實，**好像昨天還覺得「中年」這兩個字離我很遠，但沒想到現在連演算法都不放過我，社群跳出的廣告都在提醒我攝護腺健康了。**

尤其打開交友軟體的時候，碰到的人幾乎很難找到跟我年紀差不多的用戶，見了面他們可能會說「欸～你看起來不像快 40 ～」，其實只是再強調了我要 40 的事實。我只騙過了人類的肉眼，騙不過身分證上鐵錚錚的數字。

40 歲的單身男子其實還挺尷尬的，常常不知道該用男生還是男人稱呼自己，一邊想服老一邊又努力抗老。因為比別人多吃了幾年鹽，常常成為別人商談的對象，但其實閱歷很一般。想了想，年齡只是數字沒錯，它定義不了我的外表、我的腦袋還有婚戀狀態，能定義我的數字，只在身分證、體檢報告和存款帳戶上。

DAY

65

世間包容萬物，包括三腳貓

────你不一定很差，還可能越來越強────

　　以前在英國念書的時候很窮，去外面理髮是一個非常奢侈的行為，最普通的基本都要台幣 800-1,000 元，留學生的荷包禁不起這種打擊。所以我會到一家非常知名的美髮學院，裡面有大量的實習美髮師，不管剪染都只要 250 元台幣起，窮學生福音。

　　有一次我和一位中東小哥溝通了很久，想要把旁邊剃

短但不要見頭皮，上面留點長度，小哥自信滿滿地說知道了。接著他推刀在我的後腦一推，所到之處寸草不生，我都分不清是理髮還是剃度。他呆了我呆了，現場的老師也呆了，趕緊過來拯救這位亞洲男孩的髮型。最後救回來的髮型挺日系的，像河童。

還有一次我跟一位小姐姐說想染髮，她很自信地表示理解我要的感覺，並保證會讓我有種從加勒比海度假回來的感覺，我不太懂，但對這樣的形容心生嚮往，結果走出美髮學院我感覺自己比較像受到核汙染的亞洲男孩。

搭 Uber 的時候你應該也碰過方向感很差的司機，甚至看著導航都能迷路，頻頻問你要怎麼走，最後還要無奈地打開手機地圖陪他一起找路；我自己也當過三腳貓，我曾在某一個職場苟延殘喘時被調到 IT 部門，只要接到電話我一律請對方電腦重新開機，我的語氣充滿堅定與自信。

這個世界本來就充滿了三腳貓，我並不鼓勵你一直當個三腳貓，而是**很多人可能根本沒有你想像中強也這麼理直氣壯地生活著，你也要對自己有自信一點**，不要因為覺得自己不足就不敢接受挑戰，因為你不一定很差，且你也可能越來越強的，對吧？

DAY

66

你不必完全理解
這個世界

──希望我們都有一顆年輕的心──

　　世界充滿不理解的抽象現象，光是今年整年就出現很多我無法理解的東西。像是我小時候很紅的男團 Energy 回歸歌曲的舞蹈帶起的 16 蹲風潮，當然我很歡迎他們回歸，但我無法理解這個舞蹈，而且對於一個膝蓋受過傷的人來說（我）難道跟著練的人不知道這樣的動作很傷膝蓋嗎？

　　還有許多人著迷的直立式短影音（包含我母親），這類的影音充滿狗血毫無邏輯的情節，什麼總裁愛上清掃阿姨、現代女富豪與法術高強的茅山天師墜入愛河，靠著快節奏、爽點高且密集，擄獲了一群不想思考的觀眾。還有大家說是神劇的《山道猴子》、洗腦但令人煩躁的神曲〈麻辣糖葫蘆〉；Threads 上的討論和用語：Nike 襪不能搭 adidas 鞋（到底 why?）；還有每次在留言區看到「已購買小孩愛吃」我都想問你小孩跟這篇貼文的關係是什麼？

　　但我知道真正的「老」從來都不是你對這些事情一無所知，而是不肯接受。這就是生活有趣的地方，每分每秒都在產生讓你費解的人事物，你不必真的理解甚至成為他們，這就是有趣的地方，希望我們都有一顆年輕的心。但我還是不推薦你練 16 蹲。

成年人的傷，
自己知道

——有些事自己面對、無須分享——

我有滿多獨自就醫的經驗。

某年體檢因為身體照出有奇怪的東西，醫生叫我住院做進一步檢查，當時我跟公司請了假，自己一人到醫院辦理住院，坐在病床上時，心裡還是感覺怪怪的，因為沿路上看到的人幾乎都不是獨自一人。

這還不是只有在醫院，這一兩年我做過很多手術，回想一下，不管是做鼻中膈手術、眼袋手術、醫美雷射……我都是自己一個人去的。當時還有朋友知道我要去做眼袋手術，很關心地問說要陪我一起去，但我心領了他的好意，一方面也是覺得手術完應該會很狼狽，不想被他看見臉腫成豬頭的樣子。

這麼回想起來，才發現這幾年我的身體還真受了不少傷。那時不管是耳鼻喉科、醫美診所、大醫院……不管項目大小，手術患者的身邊好像都有個伴。我還記得，鼻中膈手術後回診，醫生問我是不是還會打呼？我說我不知道，因為身旁很久沒人一起過夜了，醫生聽完後也笑了。

成年人受的傷，有人喜歡分享，也可能有些人像我一樣，喜歡（自己一個人）藏起來吧。

東西貴不是它的缺點

──只要能承受，可以不用降級──

　　百貨週年慶的時候，朋友說他想要入荷一款貴婦乳霜但遲遲無法下手，「一罐乳霜能有多貴？」我邊想邊打開網頁搜尋，不看不知道，看了嚇一跳。一罐 50ml 大小要價 1 萬 6 千 4 百元。乳霜，你引起我的興趣了。

　　一罐乳霜能賣到這樣的價格一定有理由，研究過它的成分之後我發現裡面確實有一種叫做「普拉斯鏈」的東西，證實可以有效幫助皮膚增生膠原蛋白達到抗老回春的效果，而這罐乳霜的成分濃度又是坊間最高，如此看來，這罐東西的確貴得有道理。

　　舉另一個例子，我在書上看過，同樣放在超市裡賣、同樣都是產地直送的水果，為什麼草莓就是比蘋果橘子貴上許多？原因是因為草莓不易保存，就算用冷鏈運輸它還是會在 1、2 天內就開始變質，加上運送的耗損率也高，所以每一顆能上在架上賣的草莓都很珍貴。

　　考慮了一個晚上後我決定入手那罐很貴的乳霜，到貨的晚上我立刻使用，當天晚上我就放下先前所有的疑慮了。它的香味、它在皮膚上的觸感，以及隔天早上臉上依舊水澎水澎的感覺，確確實實和我以往用的保養品有區別。

　　現在我開始對一個東西貴的理由感興趣，也願意為不只靠包裝，同時也貴得很實在的東西買單。當然，**以較便宜的價格買到類似的東西也很快樂，但降級的消費也代表了打折的效果和愉悅度，只要我能承受，我還是不願降級。**畢竟這把年紀了，時間與美貌有限，必須慎重對待。

懶惰，鑑別你的不需要

──很多東西其實你沒那麼需要──

　　某天我在家裡大掃除，發現自己竟然有好幾罐化妝水放在櫃子裡，根本被遺忘，接著又發現櫃子深處還有 2 罐眼霜連包裝都沒拆，想起了我有段時間很著迷保養，幾乎五官能用得上的保養品我都買了，甚至還有上萬元的美容儀，現在也安靜地站在櫃子最上層，唯一的功用是集塵。

　　接著我又去盤點了家裡還有哪些買了沒用的東西，發現居家健身器械兩套、陶鍋一組還有拖把組一套（因為有了掃拖機器人）……這些都是當時我心懷壯志，搬入新家後，幻想自己會成為自律、勤勞的都市中年，但全都因為一個「懶」字剝奪了它們的使命。

　　可是我又轉念一想，懶惰這個東西是不是能鑑別我們真正需要？但同時也鑑別了你的不需要？也許我不需要全套的日常保養程序，我只需要精華液、乳液和醫美；我不需要在家健身，因為我有健身會員啊！外出居家都健身，我有需要這麼忙？想通之後，我終於可以大方承認我的懶惰，也感謝懶惰帶來的覺醒，果然世界上的東西都是一體兩面的，全看你怎麼看待。

PART

4

今日宜振作

──奮力振作是爲了下一次的癱軟──

經過了不努力、發瘋、放下的練習，希望你多少恢復了一些力氣來面對
生活中的種種課題。如果生活是一張圓餅圖，振作的佔比不須多但必須
有，而你會在一次次的振作和短期上進中發現樂趣，成爲一個更從容、
更有彈性的人。

DAY

70

職場：耍廢有度，
躺平也要懂得適時翻身

——誰看不順眼誰做，做完眼睛就舒服了——

　　相信在讀這本書的各位，很多應該都是在職場打滾過幾年的老鳥，我們對自己的工作範圍、職責都很熟悉了，所以當別人提出要我們做業務範圍以外的事情時，我們會很自然地像火雞一樣警覺（對的，火雞其實是一種警覺性很高的動物），然後咯咯咯大聲反抗。

　　幾年前我也曾經是隻火雞，在公司最常說的話是「為什麼這件事要我們來做？」身為老鳥工作做完我就要耍廢、躺平，怎麼可能還多做事？我的職責內容沒有要我去帶頭發起專案，又或者要我負責解決某件事情，特別是如果這個問題還涉及多個部門（然後通常這種事都會涉及多個部門），雖然我很在意，但既然不是我的業務，我沒有出頭的必要，如果沒有人要做那就擺著好了，要爛大家一起爛，嘖，可是我又看不順眼怎麼辦!?

　　後來，我的主管告訴我，你應該想的是，**「如果這件事沒做好誰來承擔後果，或者是處理好了誰有好處？」**也就是說，一件事的成敗誰倒楣或是誰得利，決定了你該不該去做。

　　一語驚醒夢中人，如果一個爛任務被我救活了，我幫了自己（可能還幫了一些你不太在乎的同事），也讓自己被看見；或是你改善了一個流程讓你之後的工作更順利了（當然，這邊你還是可能幫了一些你不太在乎的同事），但這些事情說到底都是為了你自己啊，這麼想一切就合理了。這道理就跟做家事一樣，誰看不順眼誰做，做完了你的眼睛就舒服，住得更舒服了，雖然又便宜了那些和你一起住的人。

☀

DAY

71

今天下班做什麼：
做家事

——或是進入「死不瞑目」的惡性循環——

週末太短已經是每一個職場人心裡的痛，週日早晨睜眼就不自覺開始倒數，**直到上床的那一刻，仍然持續刷手機、追劇，彷彿只要還睜著眼週末就還沒結束。我懂，這些感覺我都懂。**

為了延長週末的幸福感我養成了一個習慣：做家事。

不是要你在週末做家事，而是平日就要一點點地做。很多人都習慣到了週末才開始洗衣服、打掃、整理，如果你是獨居者或家事的主要負責窗口（？），那你會發現週日早上懶散地起床、吃個東西開始做家事到結束時已經下午了！半天就沒了！動作慢一點甚至已經傍晚，接著吃晚餐、拖拖拉拉地不洗澡、願意洗澡時已經接近睡覺時間，然後進入「死不瞑目」的惡性循環。

但請想想，如果你平日有一天固定會洗衣、定時讓掃地機器人在地上吃吃灰塵（還在觀望掃地機器人的人拜託你們 get 一台），在家裡的幾個角落放除塵撢，隨手撢撢灰塵，你會發現週末要做的任務少了很多，有了更多時間去安排讓自己快樂的事。不過如果你很愛做家事，甚至覺得做家事很療癒，那也是可以把家事放在週末。

⛈

DAY

72

提升職場 EQ 的方法

——問自己：我真的需要這份工作嗎？——

　　提升情商是每個人的生活課題，在職場更是如此，職場是一個隨時隨地都在挑戰理智的場合。可能是工作安排不合理、老闆或同事的頭腦或工作能力有點故障、制度可笑但讓人笑不出來，所有的種種每一天都在攻擊你的理智線，腦裡的 Joy * 直接被攻擊到昏迷，天天都在決定離職的邊緣來回試探。

很多人沒忍住，在被攻擊幾次後就毅然投出離職信，不接受任何慰留，覺得這份破工作一分一秒都做不下去了，「反正工作能有多難找？」我必須說，工作真的不好找。離職後的爽感很快就會退去，取而代之的焦慮，因為就業市場的溫度瞬息萬變，特別是如果你的專業技能屬於較飽和的那群，或是你身處的產業正在經歷低迷的停滯。

記得，**帳單跟皺紋和白髮一樣，只會一直來一直來，很多人都告訴我太後悔一時衝動離職，當時如果多想幾秒也許會有不同的決定。**又或是忍不住和同事起衝突、撕破臉，以後合作起來尷尬到影響未來的所有合作。這些都是情商過於脆弱的可怕後果。

關於職場如何打滾的心法，在網路上已經有很多資料可看，我這邊只說最高的思考原則，那就是：「我真的需要這份工作嗎？」很多事情只要用這個角度去想，你就會立刻冷靜，或刺激你去尋找解決的辦法，對於提升你的 EQ 應該相當有幫助。以及，當你感到怒氣升到腦袋準備要說「我不幹了」或寫一封吵架的郵件時，給自己大概 10 秒鐘時間深呼吸，你的回應和決定會更符合專業期待和少點後悔。

---

*注：樂樂（Joy），電影《腦筋急轉彎》裡的角色，代表純粹的快樂情緒。

DAY

73

上班的隱藏福利

—— 到底為什麼要上班？ ——

　　我知道現在的你很不想上班，可是你必須去，比夢想更迫切的事就是每個月的帳單。「為什麼要上班？」我每天早上起來也問自己一樣的問題，然而問了不思考就是要流氓的行為，於是我認真想了幾個去上班的隱藏福利：

① 研究說人是需要勞動的，不管是精神還是肉體都需要一個能讓你每天從事的活動，我們都以爲一直無所事事很爽，以及那是我們需要的，但事實上你回想一下你學生時期的暑假，很多人天天躺在家 2 個月根本會發瘋。

② 一個心理健康的人是需要和人互動的，從出門的那刻你就不斷有機會和人互動，疫情的時候在家工作久了眞的很悶，很多時候我都想出門看看人，卽便不和他們說話，看到有人心情就輕鬆多了。

③ **上班是一種修煉這句話一點都沒錯，它鍛鍊情緒管理與壓力承受能力，長時間受到主管、同事或客戶的迫害（？），心理素質絕對會強健不少。**

④ 專心上班可以有效減少物慾和對娛樂的渴望，增加飛奔回家的渴望，同時也提升了週末的愉悅感。想想如果每一天都是週末該有多無趣？

⑤ 公司有可以理所當然使用的免費資源，夏天的冷氣、廁所的衛生紙、飲水機的水（當然要取之有度，把公司當免費 Costco 很沒水準），福利好一點的還有零食飲料水果，想想省下來的錢是不是突然產生一點幸福感了？

⑥ 想想你上班時眞正在工作的時間有多少，你拉屎、抽菸、團購下午茶、走來走去、偷逛購物網站、發呆的時間公司並沒有停止付你錢，就算你不事生產依舊在領薪水，不開心嗎？

一眼（或兩眼）識破
交友軟體的詐騙陷阱

──醒醒吧，油田裡的工程師配不上你的愛情──

　　曾經在我的 Podcast 節目淺淺聊了一下，主題是「如何在交友軟體保持清醒不被騙的原則」，播出後收到好幾封私訊希望我再多說一些，一直忘了再跟聽眾分享，剛好要出書了，想想不如在這聊聊好了：

　　① 注意這個人是不是長得特別好看，而且照片的場景是不是特別精緻、和名車合照、出入高級餐廳等等。這種人需要交友軟體的機率是少的，當這樣的人找上你就必須

特別警惕。

② 假設這些社交食物鏈頂端的人也使用交友軟體好了，請注意他們是不是很快速地就投入感情，認識你的第一天就想和你雙向奔赴、討論結婚生子、白頭偕老，為什麼他們想快點和你定下來，因為定下來最重要的兩個因素是啥？一個是性、一個是錢，他不是想騙色就是騙財。

③ 他的職業不是一般常見的職業，像是無國界醫生、石油油田的工程師、一肩扛起一個商業帝國的富商……提高出意外的危險性，或是營造他們並不缺錢的假象，都是為了讓你覺得臨時需要一筆錢很合理，或是他這麼有錢才不需要騙你的錢。

④ 沒有社群帳號，基本上用交友軟體卻不用社群就是一個很奇怪的行為，很高機率就是想隱藏什麼；當然，現在騙子也發現這點，所以會盜圖假造一個帳號，你可以觀察，這個人的貼文多不多，以 IG 來說低於 9 篇貼文那就是非常少，還有你看他的發文的互動數，通常騙子的帳號貼文讚數都很少，而且幾乎沒有人留言，如果是一個條件好的人，會沒有人跟他互動嗎？

⑤ 觀察他是不是會有意無意向你展示他的財富（通常是男性），比如告訴你他今天投資賺了多少，然後問你想不想了解。

⑥ **最後一點最重要，他真的跟你要錢了，認識的親戚朋友都會騙你錢了，更何況一個網戀的對象跟你開口要錢，**只要談到錢就是恩斷義絕，此生不復見面。

我的癮

——解決癮不是從一個癮跳到另一個——

我開始抽菸是進入媒體業工作後，那時看到前輩們都在抽菸，感覺特別有那種憂鬱文藝青年的氣質，加上又可以快速和工作上遇到的人社交，於是就染上了菸癮。年輕時沒什麼感覺，直到近幾年開始常常會覺得喉嚨不舒服、常有痰，還發現自己臉好像老得很快。有次體檢甚至發現肺裡面有兩個很小很小很小的點，加上一些沒什麼大礙的小問題，但醫生還是強烈建議我戒菸，於是我開始戒菸。

剛開始聽說電子菸好像是個替代方案，因為它沒有臭味，成分貌似比較乾淨，只有尼古丁，剛抽的確馬上愛上，口味多又比較健康，上癮也沒關係吧？抽到後來我也常常覺得胸口不舒服，還有以前抽傳統菸的老問題一樣出現，上網查了也有很多報導指出電子菸除了沒有比較健康，而且因為好抽反而讓人吸了更多有害物質，於是我只好再一次面對戒菸這件事。

戒過菸的人都知道，過程嘴巴因為少了菸會變得空虛，只好把注意力轉移到吃東西，於是那時候我又迷上軟糖和口香糖，只要癮來了就往嘴裡放糖，久而久之我似乎漸漸可以不抽菸了，但咀嚼肌卻變得很結實，腮幫子比我的二頭肌還大，最後只好委屈地去找醫生打肉毒。

看來解決癮頭不能只從一個癮跳到另一個癮，要能解決癮的源頭才是首要，像是我那個覺得拿著菸就能有獨特氣質的虛榮心，出現社交尷尬就想逃去抽菸的彆扭性格，或者寫不出東西時就想燒東西的欲望（？），否則只能在各種癮的漩渦裡無法抽身，最後獲得一對強健的腮幫子。

我是說，
在座的各位都是勇士

────面對恐懼、突破恐懼────

我常常覺得「恐懼」和「勇敢」這兩件事是相伴的。因為仔細去想想勇敢這件事背後的心理狀態，通常是先出現了一件令人擔心、恐懼、緊張、悲傷的事情，而人面對這樣的情況時有很多處理的方式，可能是逃避、否認或者用各種方式去麻痺自己，務求讓這些糟心事暫時消失在眼前。

但有一種人選擇去面對、處理，去接受直面他之後的未知，這就產生了我們給予這樣行為的評語：勇敢。

而這件事情無所謂大小，每個人對於恐懼的級別都有自己的認知。就像我常常說我的經紀人好像無所畏懼，面對自己的婚姻風波鬧上新聞版面，對我來說那是無法想像的恐怖，但她認為她只是選擇面對；而她也說我竟然在寫第 4 本書，經歷過 3 本書的荼毒後，還願意回到電腦前一個字一個字地敲出幾萬字的內容很勇敢。

但我說：「我只是選擇面對而已，畢竟出版社手腳很快地找好新書的設計師還敲好通路，萬事俱備只欠 5 萬字，我已經沒回頭路了。」

所以，當你恐懼的時候，請記得，恐懼只是你突破的前戲，只要一個念頭的轉變，你就能成為乘風破浪、披荊斬棘的哥哥姊姊。

「斷捨離」有毒

──空間越大，欲望也越大──

人人說到斷捨離都給予一個正面的標籤，代表你揮別過去，迎向新來的人生。但斷捨離其中也有一些 Bug，像是曾經爲了自己爆炸的更衣間苦惱（說是更衣間其實也就是一間塞衣服的空房，請不要有過多美麗的想像），於是我下定決心也要成爲一個斷捨離的積極份子。我開始整理這些年那些不成熟的決定，各式各樣的小廢包，樣式季節感太強的衣服，還有漂亮但在台灣根本穿不上的厚毛衣。一邊整理一邊懺悔，自己花了太多錢在治裝了，這些錢都夠我買一張股票（當然台積電是不可能的）。

好不容易，整理完的更衣室果然煥然一新，多出好多自己早就遺忘的角落和畸零空間，那時惡魔又在我的心裡播下種子，「現在你了解自己喜歡的風格了可以再添購夠適合的衣物了吧？」、「現在剩下的衣服不夠你搭配吧？」、「這個角落就缺一棵落羽松了（？）」……空間越大，欲望也越大，於是我又花了一筆錢填滿我的衣櫃，小惡魔的話我都聽了，什麼都買了只差落羽松。

所以，斷捨離確實有毒，它給你重蹈覆徹的機會，千萬記得自己斷捨離的初衷，想要改變消費浪費，可以留一些舊物佔位置也提醒自己不要亂買；爲了更大的空間，就克制自己看到空間想要填滿的欲望，希望別像我一樣，輕易地掉入斷捨離的輪迴。

用壞習慣打敗壞習慣

──克服你的「生產性拖延症」──

　　相信很多人都有拖延的壞習慣，我也是。尤其在我寫書的時候，這個壞習慣發作得特別凶，每次坐在電腦前，我就會想起我這個月帳單沒繳，然後拿起手機轉帳；看到沙發上的衣服沒折，飛奔去折衣服，又或是覺得自己好久沒冥想，不如做的 15 分鐘正念冥想。最後家裡窗明几淨、一塵不染、生活毫無瑣事纏身，但電腦螢幕上只打了 3 個字。

　　於是我去做了一番調查（還是不肯開始寫稿？），這個情況叫「生產性拖延」，當我們不想做主線任務時，就會去忙一些看似有生產力但不重要的支線任務。當下我又悟出一個道理了，**也許我們可以用魔法打敗魔法，用壞習慣打敗壞習慣，具體實行方式就是當你不想做某件事時，可以讓自己去做一件更不想做的事。**

　　例如，你不想折衣服，那就試試看去倒垃圾，比起出門倒垃圾你可能更寧願在家折衣服；當我不想寫書時，我就逼我自己去看一本艱難的書，翻了幾頁就會發現原來寫東西還是比較輕鬆。我家裡有一本經濟學和量子力學的書，買了很久沒讀完，卻意外地提供了這個很讚的價值。

　　我覺得大部分困難或討厭的事都是比較出來的，當你的拖延症發作的原因是因為不喜歡事情本身時，反其道而行去做更討厭的事，千萬不要像一開始的我一樣，去做相較之下比較喜歡的事，當你驚覺時間都去哪裡時就來不及了。

花要怎麼開蝴蝶才會來？

──外表麥當勞，腦袋是白飯──

「花若盛開，蝴蝶自來」這句話相信每一個在愛情跌倒過，在手機刷心靈雞湯療癒自己的人都聽過，可以很粗略地理解爲只要自己變好，自然就可以吸引到漂亮的蝴蝶。我覺得這句話本身沒錯，但常常被理解得太膚淺了。像是大家理解「變好」最直接的方式就是「變漂亮」，所以拚了命整形、運動、打扮，我也非常贊同這樣的方式，

誰不愛漂亮的花呢？的確這可以很直接地提高桃花運，但**關係沒辦法只靠外表維持，相反的，美女和帥哥的存在往往讓人體會到外表就像麥當勞，好吃一時爽，不能當飯吃。**

　　那到底讓自己變好要怎麼做？我們在曖昧或喜歡一個人的時候，很容易把感情都往對方身上倒，不知道你有沒有這種經驗，對方說要來找你，理由只是「想見你」。哇！乍聽下好浪漫，但仔細一想壓力又好大，對方來找你沒為別的只為你，你要如何回報？找一家好餐廳、想想最近有什麼電影、有什麼新奇的地方可以去等等，但如果今天你好累想休息該怎麼辦？

　　如果對方是說，「我想去一家餐廳，想找你一起」，或是「我很喜歡的電影續集出了，想問問你」這樣壓力瞬間就小了，因為這樣重點就不在對方身上，而是你自己了；當你把感情重心放在對方身上，他有回應的壓力，你也有他如何回應的期待，長久下來他可能受不了，你也可能一次次失望。從自己出發就是變好的開端，除了把自己變好看，更應該花時間的是去懂得自己喜歡什麼、在意什麼，我們能一起玩什麼。我們的外表可以是麥當勞，腦袋還得是白飯才行。

「假裝」是成人的安慰劑

──生活不如意，精神要勝利──

　　我們都知道自己要成爲更好的自己，無奈生活中有太多絆腳石：老闆、帳單、早起、加班，不斷地拖累我們，但好在我們這些出社會多年的牛馬們早就習得「假裝」的技能，卽使生活不如意，精神勝利我們也是勢在必得。

　　☞ **假裝 OK**：說實在的，生活有多少事情你說了算？卽使知道老闆做了一個錯誤的決定，還是得安靜地守在老闆身邊看他自掘墳墓，然後給予安慰和解方，而不是「看吧，早就跟你說了。」但不會因此露出哭臉，因爲**我們早已把微笑焊在臉上，假裝豁達說一句「這就是生活」，然後一切眞的就好多了。**

　　☞ **假裝養生**：就算活得再放縱，我們都有一套自己的養生歪理。可樂不營養，那就放幾顆枸杞；熬夜傷肝，就多吞幾顆 B 群；蔬菜攝取不足，那點鹽酥雞時多點幾份花椰菜和四季豆；紅茶咖啡加包益生菌，我們都是養生駭客。

　　☞ **假裝購物**：折扣季來了我們說什麼也必須參與，就算已經沒有預算。反正雲端逛街，看到喜歡就放購物車，只要不按結帳，那些東西就好像是你的又不完全是你的，最喜歡這種欲擒故縱的購物方式。

　　☞ **假裝上進**：作爲一個上進的當代牛馬，誰沒有幾堂買來還沒打開過的線上課程，誰的收藏夾裡面沒有幾篇收藏起來積灰塵的知識型文章。我們都在投資理財、培養技能讓自己發光發熱的路上，我接受自己無法少年得志，允許自己大器晚成。

我們會被 AI 取代？

──姑且相信這位貌似忠良的助手──

　　AI 大概是這兩年改變我們生活最大的科技之一了（其實我覺得沒有之一，但爲了保持客觀中立還是得加一個「之一」），在生活裡確確實實可以感受到它帶來的方便。就拿工作上來說，我想整理簡報重點、排行程、翻譯……它只要幾秒鐘就能完工，甚至馬桶堵住它都能爲我提供解決方案。

　　這就招來很多人的擔心了，貌似忠良的 AI 會不會最後取代了我們？答案是會，現在就把書闔上，躺著等待世界末日來臨吧！（開玩笑的）。AI 當然能替代我們做一些腦力或情感上的「粗活」，像上述的文書處理、幫你處理客訴、給奧客罵，或在你迷茫時告訴你該怎麼辦，不過大多是你已經知道的答案了──像失戀的時候多出去走走、找朋友、尋求諮商等等。

　　但我感覺 AI 要能完全取代人類還是不太可能，人的工作有太多時候必須理性與感性同時合作。例如，你要寫一封吵架信給你上司（但上司是你的前男友，好巧），你要在信中理智有邏輯地陳述（和反駁），又得在字裡行間透露事情之所以砸鍋，都是因為他對關係的不當處理，導致你情緒不好影響工作（但你沒有要怪罪於他，你還是把重點放在工作），這封信必須呈現你情緒崩潰，但依舊維持專業。

　　我將這段「指令」丟給 AI，結果它真的寫了一封煞有介事的信件，方向大致對了，但還差了一點意思，我必須要再添加一點細節才能讓這封信看起來像在發瘋但又很專業。

　　畢竟人心的複雜度還是超過電腦，AI 無法懂情緒或情感（也許有天它會懂），也無法取代人類的溫度，更無法在你傷心時遞上衛生紙，大多時反智、無邏輯、變幻莫測的人心可能是 AI 暫時無法參透的「東西」。所以，請先別擔心了，畢竟我問了它「會不會取代我們」，它說它只想「當一個安靜的數位助手」，姑且先相信這位貌似忠良的 AI 吧。

面對焦慮有時很管用

──逃避不了，就去做那件讓你焦慮的事──

　　我相當懂面對焦慮時「逃避雖可恥但有用」的策略。在前面的篇幅我提過當遇到不想做的事時會習慣性拖延，這是很正常的本能反應，人都有軟弱的一面，大家應該都有辦了健身房會員，因為太懶，所以希望健身房倒閉的念頭吧？（有嗎？）

　　最近我接了兩場演講，其實演講一直是我最害怕的事情之一，首先要面對許多不認識的人，在那樣的場合中來的人可能也不認識你，對你沒有粉絲濾鏡，「萬一他們不喜歡我的內容怎麼辦？」準備內容也讓我相當焦慮，「我準備的內容夠嗎？」、「能讓參加的人覺得今天沒有白來嗎？」、「我能講得活潑生動嗎？」……種種擔憂讓我很不想面對卻又不得不面對。

　　我還試過酒精（最多 3 杯紅白酒！）、追劇、睡覺等等能讓自己短暫放鬆的方式逃避，但快樂結束終究要面對的壓力反而更大！**最後我發現，最能緩解壓力的方式反而是做那件讓你「焦慮」的事，那是一種漸入佳境的感覺，看著事情一點點被做完，壓力和焦慮也一點點減輕。**

　　正如好好準備演講的我，結果在現場收獲到新的讀者（雖然現場還是有卿卿我我談戀愛沒在聽演講的高中生）。而此時此刻正在寫書的我，當我決定振作從 Netflix 抽身，回到電腦前打字，進入專心書寫的那刻，我才真正感覺到平靜，因為沒有人再揪著我的心和耳朵了。

每天 3 分鐘，
驚豔所有人

——當個輕鬆學習（新技能）的小天才——

　　以前和朋友到首爾玩，經常碰到有的店員英文不通，緊張地說著「NO NO NO ！」直接放棄對話，或是有的人很好，講起韓文特地將語速放得很慢，彷彿我們聽不懂純粹只是速度的問題。最近，和朋友又去了一次首爾，雖然英文恐懼的人口似乎少了很多，但還是碰到溝通不良的狀況。

　　我們在租車時遇到問題，櫃檯人員聽我們用英文解釋立刻進入當機狀態，這時我跳出來，改用極簡單和破碎的韓文發問，對方聽到我似乎會說一點，臉上馬上綻放微笑，問題也很快解決了。朋友們很驚訝我什麼時候偷偷學了韓文，對方也直誇我講得好，但我心知肚明自己的程度明明就很破。其實，我只是在出發前每天花幾分鐘用 App 學了簡單的單字、數字和會話，再把發音規則學一學就差不多了。

　　我們常常抱怨沒時間學新東西，覺得要學會一樣東西很曠日費時，**其實生活中有很多事情能學，且大部分的事（或技能）不用學到很專精，就能改善一些生活品質，滿足一點點的虛榮心。**例如，3 分鐘你可以學會怎麼打領帶，就算你平時不需要穿西裝；你還可以學學紅酒的專有名詞「單寧」、「果香」、「酒體」，下次在餐廳點紅酒時你就講得出你要單寧高低、酒體輕重……這種懂自己在講什麼的感覺很讚，同桌的人也會覺得你好像有點東西，虛榮值拉滿。

　　這年代你只要點開 YouTube，就會發現有各式各樣的「微技能」教學：丟球雜耍、看五線譜、照相基本構圖……你有多少時間就有多少東西可以學，你有 3 分鐘的熱度，就有 3 分鐘的收穫，我不求成為任何領域的專家，只求默默且輕鬆地努力，然後突然驚豔所有人。

上進是我的 middle name

——學習帶來的意外美好——

不要被這本書的書名給騙了,什麼《今日宜(不)努力》,其實我可上進了。寫書的某日(因為寫不出來又進入拖延模式),我登入很久沒打開的線上學習 App,回想起那些我因為「間歇性奮發向上」而買過的線上課程。

有一陣子我的興趣真的很多元,也怪我自己 Podcast 節目訪過太多來自各行各業的傑出人士,訪完一位我對自己

就多一種想像。我買過插花課，煞有介事地在家裡插過一次花，然後打了一下午噴嚏；股票投資課，至今還在理解 K 線是個什麼東西；紫微斗數課，學會看命中有沒有姻緣之後就放心關掉了（但往後的流年還是花錢找老師算）；買房投資課，爲了未來置產第 2 間房子做準備……這麼多意外的美好，我無法將之排除。

　　你或許會想學那麼多用不上的東西要幹嘛？想想我們至今學過多少東西都沒派上用場，包括在學校裡學的科目，我們的一生可能到死都用不上三角函數，化學元素表背不齊也不妨礙你分辨哪個化妝品好用，甚至九九乘法表不會背都不會影響生活。

　　但學習除了能帶來樂趣，還可以開啟你不同的思考角度，讓你用不同的視角看生活。正如插花時能體會到，生活不是井井有條才是美，允許失控、野蠻生長也有其美感；紫微斗數課看到和父母的關係不好，可能是你們先天的八字造成，跟你沒關係。

　　喔對，還有人際溝通課，語言可以讓你的日常生活對話更有溫度和幽默，例如，你遲到了，可以跟朋友說：「不好意思，讓你 Jordan 了。」誰聽了能不會心一笑或賞你兩巴掌呢？

當你自卑時，
請保持自信

──有自信的人運氣一定不會太壞──

　　我疑似說了一句廢話。But，聽我解釋。許多人，包括我，從有記憶以來就都帶著自信和自卑。小時候的自信與自卑來源和許多與生俱來的特質有關，像是外貌、運動細胞、是不是擁有最流行的東西等等。

　　年輕的時候的我非常自卑，相貌普通，長了一副那時最不流行的單眼皮；也不會打籃球，身高不高，家裡也不會輕易讓我擁有當時兒童擁有的各種玩具。記得我為了有雙眼皮，天天拿尺劃我的眼皮，聽說久了就會有雙眼皮；為了長身高，我聽信購物頻道買了號稱滴在肚臍上就能長高的藥，毫無疑問被騙了；我存了很久零用錢才買了第一隻電子雞，但電子雞風潮壽命短暫，很快就沒人在乎了。

　　長大後，還是因為各種原因自卑：長痘痘、大學考上私立大學、第一份工作起薪低……都讓我覺得自己時時刻刻不如人。甚至我連分享自己的興趣愛好都不太敢，因為我知道，就算是喜好也都有優劣之分，只有好的喜好叫做品味，導致我有段時間會小心地隱藏自己喜歡看陳腔濫調的愛情電影、超愛 K-pop 女團。

　　但這些情緒，尤其自卑會在你找到你活著的方式時慢慢不見，像是你終於找到適合自己的樣子，知道單眼皮、雙眼皮、身高很多時候根本不是重點，學歷只會跟著你很短的時間，你的薪水也不會永遠不動，而你的「壞品味」只代表你還沒找到同伴而已。所以，請你保持自信，對自己的成長有自信，有自信的人運氣一定不會太壞。

☀

DAY

86

你不是不浪漫，
只是懶了

—— 中年以上，老年未滿的你還要浪漫？ ——

生活裡的浪漫不只存在於愛情裡，生活裡也有很多你可以發揮浪漫的地方。所謂的浪漫不在於結果，也就是不在於你花了多少錢，搞了多大的場面討人歡心，而是在於你精心準備了什麼，也就是精心準備了一場大餐，跟精心策劃了一場車禍是一樣的浪漫（開玩笑的，愛亂說話的毛病改不掉）。

某次一個朋友去首爾玩帶回一包咖啡豆，我沒叫他帶伴手禮給我，但他就是準備了，不過那也不是一包隨便買的咖啡豆，是我先前跟他提過一家我很喜歡的咖啡廳，他就聽進去了。就像這樣的小事我也感動了好久，默默在心裡許願，願將我的陽壽分給他 5 分鐘。

我知道到我們這種中年以上，老年未滿年紀的人最大問題就是懶得浪漫了，我們可能會覺得花心思對一個人好比起賺錢還房貸、拍上司馬屁、煩惱小孩上哪間學校更重要，輕易就忽略掉我們浪漫的本能。去年我媽生了一場大病，現在康復了，以前我常會覺得沒什麼事不必特別回家，現在我幾乎每週回家，驗證了那句話，愛你的人，去你身邊永遠順路。

記得我出第一本書的時候，我特地南下把書送給我的奶奶戊妹，她不識字但特別開心，因為她知道裡面有許多故事都關於她，現在她不在了，但我永遠記得她拿到書時那個寶貝的樣子。**浪漫就是這麼一回事，你的精心設計，讓粗糙平淡的生活片刻變得精緻起來。**

DAY

87

如何當一個
不折磨人的旅伴

── **But，一個人旅行也很棒喔！** ──

　　很多人一起出遊後不愉快就說是個性不合、MBTI 不
match，但實情是他們不知道怎麼當一個好旅伴，這篇提供
一些個人經驗，做到這些你就不會是個差勁的夥伴：

①參與討論行程
　　積極參加討論、告訴大家你想去的地方，其實大家還

是希望有意見的人，但要保有彈性如果排不進去也要懂得和大家妥協；如果你真的什麼都隨便，但事後切忌抱怨不喜歡行程。

② 錢算清楚

不要覺得大家都是朋友小錢不須計較，錢的事情太敏感了，你不知道什麼樣的金額對其他人算是大錢小錢，最好同行的人有一個專門負責記帳的人，可以用手機分帳軟體記下每一筆公共花費。

③ 讓自己「有用」

迷路時主動拿出地圖找路、臨時要找備案時加入討論、幫忙拍照、拿東西等等。不要行程一卡住你就在旁邊發呆讓其他人想辦法，彷彿你是跟團的遊客。

④ 體貼開車的人

如果你們是自駕遊，開車的人肯定是最辛苦的。不要一上車就睡覺把人家當 Uber 司機，和他聊天、放他喜歡的歌、餵他吃東西，時時刻刻關心他的需要，像他的媽媽一樣。

⑤ 尊重彼此的旅遊節奏

有人喜歡拍照，有人喜歡在某些地方待久一點，事情做完了你就自己找事做，修修照片或到旁邊晃晃，不要不耐煩或問人家還要多久。必要時也可以短暫地分開旅行，時間到了再會合，就算是一起旅遊不代表要全程黏在一起。

如果以上你都做不到，那建議可以多多練習一個人旅行也很棒喔！

情意重，
禮眞的就能輕嗎？

──最讓人心動的是帶有心思的禮物──

　　戀愛關係裡最麻煩的事之一大概就是送禮了，不只麻煩他們自己，旁邊的朋友也會受到波及。我常被抓著一起腦力激盪要送他們的另一半什麼禮物，我明明是條單身狗，為什麼要拿這種事來煩我？

　　但仔細觀察這件事也有點有趣，通常前期熱戀的時候，隨便送什麼都開心，天天都在送禮，送禮是一個隨時表達愛意的管道，不看價格。到了中期禮物得看價格了，我也同意這個階段的禮物要重一點，因為這能看出你願意為對方付出多少，但前提是這個行為是雙向的，不是只有單方面花大錢；到了後期，雙方走向細水長流，好像又回到開始的時候，送禮還是必要的，但開始不需要這麼看價格了，不必時常表達愛意，但要能注意到對方的需要，像是他的手機是不是該換了，錢包是不是爛了，他是不是老穿那幾件衣服，或是他最愛的明星是不是最近要來開演唱會了？

　　其實不管前中後期，最讓人心動的還是帶有心思的禮物，如果你和他的品味真的太不一樣怎麼辦？那還是可以和他**溝通看看兩個人都舒服的送禮方式是什麼，不要輕易就不送了，那麼你們就少了一個表達愛意、歉意、感謝的方式了，多虧。**

如何看得下書

——需要五感體驗的閱讀環境——

　　很多人都會抱怨好像長大之後就看不了書了，的確，因為我們現在沒有讀書的理由了，30 幾歲的年紀再也不用進公立圖書館或 K 書中心了，所以儘管知道已經面目可憎，但翻起書就是少了那麼一點動力和激情。

　　要怎麼找回激情？其實**我也曾有一段時間看不下書，但我發現，看書的過程你需要有儀式感，需要慎重其事，需要創造一個高級的環境。**你會發現為什麼很多人在咖啡廳裡、飛機上、度假時、高級泳池旁能讀得下書，就是因為他們處在的環境讓你手上的書變得也高級起來，讓你有想了解它的欲望。

　　所以就算你在家看書，試試布置一個你覺得還不錯的角落，坐得舒服的椅子、聞得舒服的香氛蠟燭，佐一杯你喜歡的茶飲咖啡，讓你的五感都沉浸在思考接收資訊的體驗裡，看書這件事就不會那麼像枯燥的工作。

　　一點小方法參考看看，不一定有用，但有用你就賺到了。

☀

DAY

90

活著，
就是爲了重新活過來

──終於又把一本書寫完了──

活過來的感覺是什麼？

是夏天吃到冰涼的西瓜、紐約跨年倒數後喝到一口麻辣鍋湯、是下班後躺在沙發上翹腳、是冬天手插到放著暖暖包的口袋、是夢中驚醒發現今天是週六、是拆掉戴了2年的牙套、是一把薯條塞進嘴裡、是寒流時脫得精光，熱水從蓮蓬頭灑下、是做完鼻中膈手術後紗布棉條全部取出的時候、是爬了很久的山終於看到山下風景、是大雨後終於可以脫掉濕透的襪子。

是沒有選擇全麻的眼袋手術結束的那一刻、隔天宿醉的第一口辛拉麵、是你救回了還沒存檔的報告、是你丟在計程車上的手機失而復得的那天、是終於拔掉指甲上刺了你一天的死皮、是颱風假不偏不倚地放在週五或週一、是便祕了幾天突然的暢通、是碰到一個醫生告訴你，你的陳年舊疾是個小問題。

也是，在口袋裡找到那支失聯的 AirPods、是你的髮型師放了長假終於回來的那一天、是這期的信用卡費已經繳清，你只是忘了、是漆黑的夜晚抬頭看見像顆電燈泡發光的月亮、是你終於說出埋藏已久的祕密、也是你不再為一個人哭的那一秒。

最後，是我終於又把一本書寫完了。希望你的每一天都充滿這種重新活過來的幸福。

人生顧問　叢書 541

今日宜（不）努力

作　　　者　郝慧川
美術設計　謝捲子@誠美作視覺設計
校　　　對　簡淑媛
行銷企劃　鄭家謙
副總編輯　王建偉
董 事 長　趙政岷
出 版 者　時報文化出版企業股份有限公司
　　　　　108019 台北市和平西路三段 240 號 4 樓
　　　　　發行專線—(02)2306-6842
　　　　　讀者服務專線—0800-231-705・(02)2304-7103
　　　　　讀者服務傳眞—(02)2304-6858
　　　　　郵撥—19344724 時報文化出版公司
　　　　　信箱—10899 台北華江橋郵局第 99 信箱

時報悅讀網　http://www.readingtimes.com.tw
電子郵件信箱　ctliving@readingtimes.com.tw
藝術設計線　FB—http://www.facebook.com/art.design.readingtimes
　　　　　　IG—art_design_readingtimes
法律顧問　理律法律事務所　陳長文律師、李念祖律師
印　　　刷　勁達印刷有限公司
初版一刷　2025 年 1 月 3 日
初版二刷　2025 年 1 月 23 日
定　　　價　新台幣 420 元

ISBN 978-626-419-079-4
Printed in Taiwan

今日宜（不）努力 / 郝慧川 著 .-- 初版 . -- 臺北
市 : 時報文化出版企業股份有限公司, 2025.1
216 面 ; 14×20 公分 . -- (人生顧問 叢書 ; 541)
ISBN 978-626-419-079-4(平裝)
1.CST: 人生哲學 2.CST: 生活指導
191.9　　113018549

時報文化出版公司成立於一九七五年，並於一九九九年股票上櫃公開發行，
於二〇〇八年脫離中時集團非屬旺中，以「尊重智慧與創意的文化事業」爲信念。